O³
∫2
=

Orfor.
D-2

TABLEAU
DES DERNIÈRES DÉCOUVERTES
FAITES PAR LES EUROPÉENS
EN AFRIQUE.

DE L'IMPRIMERIE DE FAIN JEUNE, ET C.ᵉ

TABLEAU HISTORIQUE

DES

DÉCOUVERTES ET ÉTABLISSEMENS

DES EUROPÉENS,

DANS LE NORD ET DANS L'OUEST

DE L'AFRIQUE,

JUSQU'AU COMMENCEMENT DU XIX.e SIÈCLE;

AUGMENTÉ du voyage de Horneman dans le Fezzan, et de tous les renseignemens qui sont parvenus depuis à la société d'Afrique sur les empires du Bornou, du Kashna et du Monou;

OUVRAGE PUBLIÉ PAR LA SOCIÉTÉ D'AFRIQUE
ET TRADUIT PAR CUNY.

TOME II.

A PARIS,

CHEZ
{ FAIN Jeune, et Compagnie, Imprimeur, aux ci-devant Ecoles de Droit, place du Panthéon.
COLNET, Libraire, rue du Bac, près celle de Lille.
MONGIE, Libraire, palais du Tribunat.
DEBRAY, Libraire, rue St.-Honoré, barrière des Sergens.

AN XII.

TABLEAU
DES DERNIÈRES DÉCOUVERTES
FAITES PAR LES EUROPÉENS
EN AFRIQUE.

CHAPITRE PREMIER.

Description de la côte de Guinée jusqu'au Cap-Lopès. — La Mine. — Amokou. — Juida. — Benin. — Les Serreres. — Les Séracolets. — Voyage à Galam, par terre. — Fouta-Torra. — Les Maures du Niger. — Établissement des Français dans le Kajaaga et le Bambouk. — Malinkops. — Voyage du major Houghton. — Mandingues. — Mort du major Houghton à Jarra.

L<small>A</small> région intérieure de l'Afrique, qui s'étend dans la direction de l'ouest à l'est, depuis la Sénégambie usqu'à l'Abissinie, va devenir à présent l'objet de notre examen : ces contrées si long-temps inconnues, offrent aujourd'hui un vaste champ à la curiosité des modernes. Les états puissans qu'arrose le Niger, et les pays voisins du Kashna et du vaste empire de Bornou ont été parcourus par des voyageurs aussi éclairés que courageux. Plus au nord, au milieu du désert, le Fezzan, malgré les sables brûlans qui semblent le rendre inaccessible, nous est désormais parfaitement connu; et des oasis, jadis célèbres parmi les anciens, mais dont nous avions totalement perdu les traces, viennent d'être retrouvés pour nous, par l'infatigable Browne et l'ardent Hornemann.

Mais avant de nous élancer dans cette immense carrière, où l'intérêt, toujours croissant, nous entraînera continuellement, sans nous permettre de revenir sur nos pas, nous allons jetter un coup-d'œil rapide sur les établissemens européens qui se trouvent le long de la côte occidentale d'Afrique, depuis le Cap-Vert jusqu'au Cap-Lopès. Nous tâcherons de donner un aperçu exact de la position des lieux et des avantages qui peuvent résulter pour le commerce et pour les sciences, tant de la nature du sol que des dispositions des naturels. Nous avons décrit la colonie de Sierra-Leone dans le chapitre précédent, ainsi nous n'aurons plus à parler que de Gorée, dans l'espace qui s'étend jusqu'au Cap-'Tagrin.

L'île de Gorée a tout au plus une demi-lieue de long; elle n'est guère qu'à une lieue du Cap-Vert, plus au sud; elle est défendue par une forte citadelle, au pied de laquelle la ville est située: les maisons sont bâties en pierre et couvertes en terrasse.

L'île ne fournit point d'eau, les habitans sont obligés d'aller la chercher à un endroit nommé *Bink*, qui est à deux lieues de l'île. Les Français auraient pu, lorsqu'ils s'y sont établis, y creuser une citerne qui aurait été d'un grand secours pour les habitans, et sur-tout pour la garnison, en cas d'attaque.

Les Hollandais ont possédé cette île les premiers, et n'ont pas su la conserver; elle contient des chevreuils, des cochons et des volailles. Le poisson y est abondant et délicieux; mais le sol ne produit ni fruit ni légumes, ils y sont apportés par les naturels du Cap-Vert ou par ceux du Cap-Rouge.

Dans cette vaste étendue qui forme environ six cents lieues de côtes, entre le Cap-Tagrin et le Cap-Lopès, les Français n'ont que deux établissemens : le premier signal de guerre les leur enlève, mais la paix doit toujours les leur rendre : ce sont Amokou et Juda ou Juida, que les Anglais nomment Whidah ; les autres comptoirs appartiennent aux Anglais et aux Hollandais, et ceux-ci les ont pris pour la plupart sur les Portugais qui s'y étaient établis les premiers.

Les bords de la rivière de St.-André, située à quatre degrés cinquante-cinq minutes nord, ont été visités par M. Stotte, en 1787, et lui ont paru offrir des positions très-favorables à l'établissement d'une colonie.

Le pays vu de loin, présente un aspect riant ; il est en effet très-fertile, mais les habitans sont féroces et cruels. Ils ont assassiné, en 1788, trois Hollandais, et tout l'équipage d'une goëlette anglaise. Ces Nègres font le commerce du morfil et des esclaves ; ils se servent pour la pêche d'une espèce de harpon qu'ils lancent avec beaucoup d'adresse ; ils manquent rarement leur coup.

Le sol produit du riz, du maïs et généralement tous les fruits de l'Amérique.

Le Cap-Laho se trouve placé à cinq degrés six minutes de latitude ; à une lieue d'un bois, nommé le *Bosquet*, qui sert de reconnaissance aux marins, on rencontre le principal village de cette côte ; il est situé sur une langue de terre d'environ deux cents toises de large ; on y compte de cinq à six mille âmes. Les naturels sont doux et affables; mais ils mendient jusqu'à l'importunité, ils exigent même avec insolence tout ce qui les flatte. C'est, en général, l'esprit des Nègres de toute cette côte.

Le pays ne présente qu'un sol sablonneux et aride, il serait peu propre à un établissement. Indépendamment des dangers qui peuvent résulter, pour une colonie naissante, du voisinage d'une population nombreuse, composée de naturels inquiets, soupçonneux et toujours exigeans, cette position présente encore d'autres difficultés insurmontables : la barre est si mauvaise que les plus petits bâtimens n'osent pas se hasarder à la passer; les naturels seuls osent le faire avec leurs pirogues, et ils ne sont pas eux-mêmes exempts de chavirer. Cependant, en 1787, les Français achetèrent du roi du pays une demi-lieue carrée sur cette côte; mais ils n'y ont commencé aucun ouvrage, faute de matériaux.

En suivant la côte, à l'est de la rivière de Suciro et de celle de Costa, on trouve le fort d'Appolonie et le village d'Issigni. Les Français prétendent que c'est aux premiers navigateurs normands que cet endroit doit son nom. Le village est grand, les cases y sont groupées avec ordre; il est actuellement habité par les naturels; on y distingue cependant encore les ruines d'un ancien fort.

Appolonie appartient aux Anglais; ce poste est défendu par un petit fortin dont la teinte noirâtre atteste l'ancienneté : les approches en sont très-difficiles du côté de la mer, les pirogues seules peuvent y aborder.

Le fort d'Axim, situé plus à l'est, dans les quatre degrés quarante-huit minutes, est occupé par les Hollandais; les fortifications sont vieilles, elles ont été construites par les Portugais. Les canots y viennent sans danger, et le débarquement y est commode.

Le pays est très-fertile, la terre y est forte et rougeâtre. Les cannes à sucre et tous les fruits de l'Amérique y viennent en abondance. On y trouve tous les légumes d'Europe, ainsi que du raisin; mais la saison des pluies le fait tomber avant sa maturité. L'eau est saine et se conserve très-bien.

Le village est habité par des naturels, qui sont, pour la plupart, attachés au service de la compagnie hollandaise; mais les hommes y sont voleurs, ivrognes et beaucoup plus nonchalans que dans aucune autre partie de cette côte; ils passent leur vie auprès du feu, en se tenant accroupis sur leur derrière comme des singes, tandis que les femmes vont chercher de l'eau, couper du bois dans la forêt, et l'apportent sur leurs épaules : ce sont elles aussi qui cultivent la terre; en un mot, tous les ouvrages de peine leur sont réservés.

La compagnie hollandaise exerce une grande influence sur tous les états d'alentour. Elle divise les princes à son gré, protège les uns, écrase les autres, suivant que l'exigent les vues de sa politique ou les intérêts de son commerce.

Les Hollandais ont encore sur cette côte plusieurs comptoirs, parmi lesquels on distingue celui de Chama, à cinq degrés de latitude. Il est situé dans un pays fertile et abondant en vivres.

Les naturels aiment à traiter de préférence avec des Français; ils parlent un peu leur langue, ils sont actifs et industrieux: Le roi du pays ne souffre le voisinage des Hollandais, qu'en raison des sommes considérables qu'il reçoit de la compagnie; les naturels se sont armés plusieurs fois contr'eux. En 1788, le commandant du fort fut chassé par les Nègres, qui ne le rétablirent qu'après qu'il eut payé au prince une somme exigée.

Le château de la Mine ou de St.-George, est situé à cinq degrés une minute de latitude; c'est le chef-lieu de tous les établissemens hollandais sur la Côte-d'Or.

Les Français prétendent avoir découvert cette partie, dès l'année 1382, avant aucun autre peuple de l'Europe; ils lui donnèrent alors le nom de *Côte de la Mi-*

ne d'Or. Après eux, les Portugais s'y établirent en 1484 ; ils la conservèrent jusqu'en 1637, qu'elle leur fut enlevée par les Hollandais ; le château est bien construit. Les Anglais essayèrent inutilement, en 1664, d'attaquer quelques vaisseaux hollandais qui s'étaient placés sous la protection de ses batteries.

Ils firent encore, en 1780, une autre tentative infructueuse contre ce fort ; ils furent vivement repoussés par les naturels, qui en firent un grand massacre.

Ces peuples ne font pas de prisonniers et ne demandent jamais de quartier ; ils détestent les Anglais, et témoignent, dans toutes les occasions, une affection particulière pour les Français.

Après le Cap-Corse, le fort Mouré, Anamabou et Kormentin, on trouve le comptoir français d'Amokou.

Toute cette côte est très-commerçante ; on en tire beaucoup d'or : le Cap-Corse est le chef-lieu des établissemens anglais dans cette partie. Ce fort a été construit en 1673 il est situé à cinq degrés cinq minutes de latitude.

Les naturels sont laborieux ; ils se livrent à la pêche et à la culture de la terre; ils travaillent l'or avec beaucoup d'adresse.

Le comptoir d'Amokou est placé entre le fort Kormentin et le village de Missam, à cinq degrés treize minutes de latitude. Ce poste n'a jamais été bien défendu; en 1788, on n'y avait que deux canons de six, posés devant une case couverte en toile, qui servait de caserne. La barre est très-dangereuse, et rend l'accès de la place très-difficile du côté de la mer.

La faiblesse de ce poste tient sans cesse les marchands à la discrétion des princes voisins : cependant sa position est heureuse; placé sur une élevation, à mi-côte, le fort domine les villages qui l'entourent.

Les naturels sont grands et robustes; ils sont voleurs déterminés. Le vol, chez eux, est un exercice d'adresse dont ils se font honneur ; le maladroit seul est criminel; aussi, dès qu'il est pris sur le fait, est-il souvent puni sans que personne se mêle de prendre sa défense.

Les affaires générales de la nation, se règlent dans des *paravels* (assemblées publiques), où tout le peuple est admis ; mais les objets d'administration particulière, relatifs aux localités, sont soumis à la décision des chefs de village.

Ces officiers ont une grande autorité dans l'état; leurs fonctions sont héréditaires, eux seuls ont le droit de faire porter devant eux un parasol. Le parasol est chez eux une marque d'honneur.

Le fort d'Apam appartient aux Hollandais, et celui de Suipam aux Anglais. Le premier est situé sur un morne, dont la position est avantageuse; sa forme est carrée. Le second, placé à mi-côte, est défendu par un bois qui l'environne.

Akra est à cinq degrés vingt-quatre minutes de latitude, une lieue est du fort St.-James : sa rade offre un bon mouillage et de grandes facilités pour le commerce. Les baleines sont en grand nombre dans toute cette partie, et s'approchent très-près de la côte et des bâtimens.

Le fort de Christianbourg appartient aux Danois, qui l'ont pris sur les Hollandais : c'est le poste principal des établissemens du Danemarck sur cette côte. Les Danois y possèdent encore Ningo, Volta et Queta, où ils ont fait construire des forts.

Après la rivière de Volta, on trouve le Grand et le Petit-Popo, faisant partie du royaume de Whidah ou Juda, dans lequel est situé le comptoir français de ce nom, à six degrés huit minutes de latitude. Les Anglais et les Portugais y ont également des forts; mais jusqu'en 1797, les Français y avaient toujours joui d'une plus grande considération que les autres Européens. Voici à quoi l'on attribue cette préférence : en 1726, les Hollandais voulant soumettre le roi de Juda, réunirent leurs forces à celles d'un roi voisin, qui s'empara en effet du royaume; mais ce prince ayant assuré sa conquête, fit venir ce gouverneur, et lui dit : « Tu m'as appelé pour exterminer le

» roi de Juda, tu es capable d'en appeler
» d'autres contre moi; il faut donc, pour
» ma sûreté, que je te chasse toi et tes com-
» patriotes. » Ce prince crut pouvoir se
défaire de même des Français, il fit une
tentative sur leur fort; mais il fut repoussé
avec perte. La défense vigoureuse du commandant français inspira à ce prince de l'estime pour la nation; il se retira, en disant : « Que des gens, qui s'étaient si bien
» comportés, ne le trahiraient pas, et le
» défendraient au contraire contre ses en-
» nemis. »

Le Whidah est borné à l'est par le royaume d'*Onis;* à l'ouest, par la Volta; au nord, par le Dahomé; et au midi, par la mer. Il a près de soixante lieues de côte.

Ce pays a été conquis, en grande partie, par le roi du Dahomé, sur les Oueidas qui l'habitaient anciennement, et n'y ont conservé que quelques villages.

Les naturels sont commerçans; mais il faut continuellement les surveiller, pour se garantir de leur rapacité. Cependant ils sont hospitaliers, et lorsqu'on voyage dans l'intérieur, on trouve par-tout un logement et des vivres, qu'ils offrent eux-mêmes avec empressement.

Le directeur du comptoir de Juda est obligé, comme tous les autres chefs de comptoirs européens, d'aller, une fois l'an, saluer le roi de Dahomé : cette cérémonie se fait avec beaucoup d'appareil.

Le terrain de Juda est bas et marécageux, sur-tout dans le voisinage de la Volta; mais la température en est douce et le climat fort sain.

Le sol, en général, est très-fertile; il produit en abondance du petit mil et du maïs. On laboure la terre à la houe, la charrue n'y étant pas encore en usage : ces peuples tiennent opiniâtrement à leurs anciennes pratiques, ce qui arrête leurs progrès en agriculture; cependant ils font deux récoltes par an. Le pays produit naturellement tous les fruits de l'Amérique.

Les bois et les plaines sont remplis de gibier et de bêtes sauvages; les rivières abondent en poissons excellens; le tigre et l'éléphant y sont respectés comme fétiches, et l'on en tue rarement : cette superstition empêche les naturels de se livrer à la traite du morfil, dont ils tireraient de grands avantages.

On trouve dans les marais quelques hippopotames, et, dans les taillis, des vaches sauvages dont la chair est délicieuse.

Portenove est situé dans le royaume d'Ardres, à quinze lieues de Juda. C'est l'entrepôt du commerce de plusieurs nations de l'intérieur : l'endroit est favorable pour un établissement; un fort sur le bord de la mer suffirait pour y protéger le commerce des Européens et les mettre à l'abri des vexations des naturels; mais, en général, on ne saurait trop prendre de précautions contre les dangers qui résultent pour les Européens, du remuement des terres en Afrique : c'est une des principales causes de la mortalité qui détruit souvent les nouveaux établissemens; on devrait n'employer à ces travaux que des gens du pays.

Les Français y achetèrent des rois d'Ardres, en 1787, un terrain convenable, moyennant quinze ou seize cents francs, indépendamment des coutumes à payer par les bâtimens qui viendraient y faire le commerce.

La rivière de Benin, située dans le royaume de ce nom, se jette dans celle de Formose, à vingt-huit lieues au-dessus de son embouchure. On trouve, dix-huit lieues plus haut, le village d'Agathon, où l'on remarque encore les restes d'un ancien établissement hollandais, détruit depuis 1747.

La ville capitale du Benin est située dans une plaine et entourée de fossés; les rues sont larges et bien coupées; les maisons sont construites en terre et couvertes de feuilles de latanier. La population paraît être considérable.

La route de Benin à Agathon est parfaitement bien entretenue; elle est régulièrement plantée d'arbres qui procurent aux voyageurs une ombre continuelle, et, de distance en distance, on trouve des cases ouvertes où chacun peut prendre des rafraîchissemens. Elle est sans cesse fréquentée par les naturels qui vont commercer au bas de la rivière Formose, où les Français ont eu long-temps un comptoir.

Ce qui forme le palais du roi de Benin est composé de pièces vastes et spacieuses, ornées de dents d'éléphants sculptées. La plus grande richesse de la couronne consiste en corail, et la marque distinctive des chefs de l'état, dans le nombre des filières de corail dont ils sont décorés.

Ce peuple immolait encore, il y a dix ans, des victimes humaines. En 1787, MM. Flotte et Landolphe s'étant rendus à la cour du roi, furent contraints d'assister à une cérémonie qui devint pour eux un spectacle affreux.

Le roi, vêtu de blanc, se rendit, au son d'une musique lugubre, vers un mausolée, placé au centre d'une des cours de son palais. Il était accompagné des grands de son royaume, et précédé d'une troupe de domestiques portant tout son corail. Le prince se plaça sur la première marche du mausosolée, et le cortége se forma sur deux lignes parallèles. Aussitôt on vit paraître un malheureux avec un bâillon dans la bouche. Il se mit à genoux ; un des grands, armé d'une massue, s'est avancé près de la victime et l'a frappée sur la tête. Pendant que le sang ruisselait, des officiers du palais s'empressaient d'y tremper les filières de corail et les ornemens de la royauté. Le prince riait aux éclats durant cette horrible cérémonie.

L'établissement des Français à l'entrée de la rivière Formose, devait son origine aux dispositions favorables du roi d'Ouë. Ce prince avait confié son fils aîné à M. Landolphe pour le faire élever en France, où il fut entretenu, en effet, aux frais du gouvernement. Le roi promit dès-lors de protéger particulièrement le commerce des Français, et leur accorda un terrain, à leur choix, pour établir un comptoir dans ses états. Ce poste était avantageusement placé pour traiter avec les naturels; mais depuis la guerre il a été long-temps abandonné.

Depuis le Cap-Formose jusqu'au Cap-Lopès, le caractère féroce des Nègres qui bordent cette côte, ne permet guère aux Européens d'y aborder et encore moins d'y faire quelque commerce avec sûreté. Cependant les Français ont fait autrefois la traite au Vieux et Nouveau Kolabar. Les différens peuples de cette contrée étant continuellement en guerre les uns avec les autres, fournissaient beaucoup d'esclaves pour la traite; mais, comme ces Nègres sont extrêmement jaloux de leur liberté, et qu'ils se donnent souvent la mort eux-mêmes pour se soustraire à l'esclavage, les armateurs n'y attachaient qu'un très-bas prix.

Les Hollandais ont fait long-temps le commerce à l'entrée de la rivière de Camarones; on y trouve des dents d'éléphant, du corail bleu et des fruits de toute espèce.

Depuis la rivière Santo-Benito jusqu'à celle de Gabon, on trouve les caps de St.-Jean et d'Estivas. Toute cette côte est occupée par des Nègres courageux et entreprenans ; ils construisent de grandes pirogues avec lesquelles ils attaquent quelquefois les bâtimens qui s'approchent, sans précaution, pour commercer avec eux. Ils ont de la cire en grande quantité, des dents d'éléphants, des moutons et des fruits de toute espèce.

Le roi du pays fait sa résidence dans une île située à cinq lieues au-dessus de l'embouchure de la rivière Gabon. Sa domination s'étend sur toute la côte jusqu'au Cap-Lopès. Ce royaume se nomme *Pongo*, et ne présente aucun établissement qui mérite d'être cité. Il suffit de faire connaître que la barbarie des naturels en rend l'approche très-dangereuse pour les Européens. Espérons que le temps et les efforts des nations policées ameneront dans leurs mœurs une amélioration avantageuse pour eux et favorable aux progrès des découvertes dans cette partie de l'Afrique. Nous bornerons là nos observations sur la côte de Guinée, et nous allons nous occuper des peuples de l'intérieur.

On rencontre, dans le voisinage du Cap-Vert, une tribu de Nègres indépendans, nommés *Serreres*; on les dit simples et grossiers dans leurs mœurs, et en même temps probes et fidèles à leurs engagemens; mais ils sont implacables dans leur vengeance : semblables aux Feloops, dont ils sont probablement descendus, comme eux, ils ont peu de communication avec leurs voisins.

La rive méridionale du Sénégal est occupée par les Bracs et les Wals, deux tribus de Jaloffs. Leur territoire a soixante-dix lieues de long, en remontant jusqu'à Podor, où commence le royaume Foulah du Siratik, dont le chef, nommé *Almammy*, s'est distingué par la sagesse de ses lois et la douceur de son gouvernement : la capitale de cet état est Yafanne. Entre les Foulahs et les Serrawoollis de Galam ou Kajaaga, sont placés les Saltiguets, tribu nègre, de la race des Serrawoollis; ils sont tantôt indépendans, et tantôt soumis à la domination des Foulahs.

Les Serrawoollis ou Seracolets, comme les nomment les Français, sont actifs et commerçans ; ils se sont répandus, comme les Mandingues, sur une étendue de pays considérable. Leur couleur est noire comme celle des Jaloffs.

S'ils ressemblent aux Jaloffs par la couleur, ils ont beaucoup de rapport avec les Mandingues, par leurs mœurs et par leur caractère : ils ont plus de goût pour le commerce que pour la guerre. Dans les opérations d'échange, leur probité peut être quelquefois suspecte, il faut les surveiller ; mais leur patience et leur activité pour s'enrichir sont infatigables. Ils n'apprécient les qualités d'un homme qu'en raison de ses succès, et, suivant eux, on n'a pas d'intelligence, quand, après avoir fait un long voyage, on n'en revient qu'*avec ses cheveux sur la tête.*

Le Kajaaga ou Galam, principale demeure des Serrawoollis, fournissait autrefois au commerce français de l'or et des esclaves. Les Seracolets font encore des profits considérables, en vendant aux blancs des esclaves, et aux Nègres voisins du sel et des toiles de coton. Il en résulte que, généralement, la nation est plus industrieuse, le pays mieux cultivé, et les maisons mieux construites que chez les autres tribus d'alentour. Les habitans suivent en partie la loi de Mahomet; leur langage est rempli d'articulations gutturales, et manque absolument d'harmonie.

Le gouvernement est monarchique, et ressemble à celui des Jaloffs. Au commencement du dix-huitième siècle, les Français bâtirent le fort St.-Joseph dans le royaume de Kajaaga, à quatorze degrés trente-quatre minutes de latitude nord, et neuf degrés quarante-six minutes de longitude ouest du méridien de Greenwich : ce fort est à environ cinq cent vingt milles d'Arguin, et six cent cinquante de Tombuctou.

Les Français, qui s'établirent à l'embouchure du Sénégal, en 1626, s'avancèrent

petit à petit en remontant le fleuve, pour commercer avec les Jaloffs, les Foulahs et les Maures; mais ils ne pénétrèrent dans le Kajaaga qu'en 1698, lorsque de la Brue remonta le Sénégal jusqu'aux cataractes du Felou, près de quarante-huit milles au-dessus du fort St.-Joseph, et qu'il envoya un de ses facteurs à environ trente milles plus loin, à la cataracte supérieure, nommée *Govinea*. A son arrivée, de la Brue trouva le Kajaaga déchiré par une guerre civile. Il profita de cette circonstance pour se soustraire aux vexations du roi, qui exigeait un tribut, avant de lui accorder la liberté de commercer dans ses états; il refusa positivement de payer les *coutumes*, ajoutant « qu'il commercerait sur la rivière com-
» me il lui plairait, et que si on lui faisait
» la moindre insulte, il mettrait le feu à la
» ville, et enverrait le roi cultiver les can-
» nes à sucre en Amérique. »

Les Français continuèrent à faire le commerce de Galam, jusqu'à l'époque de l'évacuation de Gorée et du Sénégal; mais l'impétuosité du fleuve, les barres nombreuses qui en embarrassent la navigation, ainsi que la férocité des Maures et des Nègres qui en occupent les deux rives, rendaient toujours ce voyage extrêmement périlleux.

En 1784, le convoi expédié du Sénégal pour Galam, passant à Saldé (petit village sur le bord du fleuve, à peu près à un tiers du chemin), y reçut des avanies de la part des gens d'Almammy, roi des Foulahs. M. de Repuctigny, alors gouverneur du Sénégal, obligea ce prince à lui faire des réparations, et fixa la manière dont il recevrait pour l'avenir ses *coutumes* (*) au passage du convoi. Il fut réglé que le prince resterait à Saldé pour contenir ses sujets tout le temps que le convoi y séjournerait, qu'il livrerait des ôtages qui ne lui seraient rendus qu'au retour de l'expédition. Le même réglement déterminait le montant

(*) On appelle *coutumes* les subsides ou présens annuels que les Européens paient aux princes de l'Afrique. On comprend sous le même nom, les petits droits que ceux-ci exigent sur les marchandises que l'on achète ou vend dans leurs états.

des coutumes à payer tant par le gouvernement français que par les habitans du Sénégal. Mais la mauvaise foi de ces princes riverains est si grande, qu'on ne peut jamais compter sur l'exécution de ces traités. Le droit du plus fort est la seule loi qu'ils reconnaissent, et ce n'est qu'à force de présens qu'on obtient d'eux, non pas de l'amitié, mais quelque sûreté.

Le voyage de Galam par terre serait et plus prompt et moins dangereux. On pourrait s'y rendre en vingt-six jours: dès qu'on serait arrivé à Galam, on y construirait avec les bois du pays, qu'on dit fort bons, de légers bâtimens de vingt à trente tonneaux, qui descendraient rapidement le fleuve à la crue des eaux, chargés de tout ce qu'on aurait en magasin, et sans craindre aucune vexation de la part des nations qui se trouvent sur ce passage.

En 1786, Rubault, attaché au service du directeur de la compagnie française du Sénégal, ayant eu ordre de se rendre à Galam, entreprit de faire ce voyage par terre, afin de se soustraire au brigandage et aux exactions des peuples qui bordent les deux rives du Sénégal. Il se fit accompagner d'un marabout et de deux Nègres seulement, et emmena avec lui trois chameaux, pour porter ses marchandises de traite et ses provisions.

Il partit du Sénégal avec sa petite caravane le 11 janvier, passa par *Babagui*, village dépendant du roi de *Damel*, et après six heures de marche, arriva à *Gandiole*, où il séjourna le lendemain. Les habitans lui parurent doux et hospitaliers, et le pays passablement bien cultivé. Le 13, il traversa *Camessou*, mauvais petit village, où il ne put se procurer aucuns rafraîchissemens, et qu'il se hâta de laisser derrière lui; il arriva le soir à *Beti*, après avoir marché onze heures de suite : il fut très-bien accueilli par le marabout qui était à la tête de ce village. Rubault ne s'en sépara le lendemain, qu'après lui avoir exprimé toute sa reconnaissance, et lui avoir fait un présent digne du bon accueil qu'il en avait reçu. Le 14, il se rendit à *Merine-Guiob*, qui n'est qu'à cinq lieues plus loin, et où il trouva un concours nombreux d'habitans, réunis pour célébrer la fête du *Gammon* (en l'honneur de la naissance de Mahomet.) Cette fête, qui dure trois jours, se fait avec beaucoup de pompe; elle est accompagnée de cérémonies singulières et souvent grotesques, d'exercices, de jeux et d'une infinité de pratiques superstitieuses, dont Rubault nous donne le détail et que nous nous dispenserons de rapporter.

Entre Guré et Hyam-d'Hyran où il passa le 15, Rubault remarqua quelques arbres de l'espèce qu'on appelle *pain de singe;* un de ces arbres, qu'il mesura, avait quatrevingt-quatre pieds de circonférence. Ces arbres, en général, sont étonnans par leur grosseur démesurée; ils sont de la famille des pins, et reçoivent leur nom, de ce que les singes, qui sont très-nombreux dans ce pays, se nourrissent et paraissent très-friands du fruit qui en provient. Rubault alla coucher le même jour, après neuf heures de marche, à Hyans, joli village, habité par des Maures: le peuple y est aisé; il y a même quelques habitans qui pourraient passer pour riches; ils entretiennent un grand nombre d'esclaves noirs, qu'ils occupent à cultiver leurs champs, nommés *Lougans* en terme du pays. Leurs récoltes consistent en mil et en coton: le coton, qui est d'une assez belle qualité, est filé par les femmes; il sert à faire une étoffe dont les habitans se couvrent. La plupart possèdent de nombreux troupeaux de moutons, de chèvres et de bœufs; ils ont aussi quelques chevaux.

Le 16, il se rendit d'Hyans à Mériné, et le 17, il arriva à Beteldiaby, grand village habité par des Nègres d'un caractère humain et hospitalier. Notre voyageur était le premier blanc qu'ils eussent jamais vu; chacun s'empressait autour de lui pour le contempler; les femmes et les enfans témoignaient au moins autant de curiosité que les autres; mais ils n'osèrent d'abord l'approcher de trop près; son teint blanc leur inspirait une espèce de frayeur. Cependant on le conduisit, ainsi que sa suite, sur la place publique où demeurait le chef du village, qui leur fit donner aussitôt tout ce qui pouvait leur être nécessaire pour eux et pour leurs chameaux. Des troupes de jeunes filles et de jeunes garçons vinrent lui présenter des fruits, des fleurs et du laitage. Enfin, ils célébrèrent son arrivée par des chants et des danses qui durèrent une grande partie de la nuit. Rubault distribua aux jeunes filles quelques ornemens de verroteries dont elles furent enchantées, et aux garçons quelques objets de quincaillerie de peu de valeur, dont il leur expliqua l'emploi, et qui parurent leur faire beaucoup de plaisir.

Après avoir quitté ce village hospitalier, il marcha une partie de la nuit du 17 au 18, à travers d'épaisses forêts, et s'arrêta à Quankie, où il séjourna le 18. Rubault dit avoir vu dans ces forêts un grand nombre de lions, de tigres et de loups;

mais aucun de ces animaux ne chercha à attaquer sa petite caravane.

Le 19 il traversa Quiby et Guiaquiry, et arriva le 20 à Hicarkor qui est la résidence du roi des Jaloffs. Ce prince en apprenant l'arrivée d'un blanc dans ses états, témoigna le plus vif désir de le voir. Rubault fut lui rendre visite : ce prince lui parut doux et humain, son air était ferme et affable; au-dessus du fauteuil qui lui servait de trône, on voyait une corne de bœuf décorée de morceaux d'étoffes, c'était là son fétiche. Le roi s'entretint avec Rubault sur les différens genres de commerce dont le pays est susceptible, et lui fit entendre qu'il serait flatté de voir les Français s'établir dans ses états. On pourrait faire avec avantage la traite de la gomme, de l'or et des Nègres : le pays est presqu'entièrement couvert de forêts de gommiers. Rubault resta deux jours entiers dans cette ville où le roi lui fit fournir tout ce qui pouvait lui être nécessaire.

Après avoir passé par Gury, Coka et

Mograie, il traversa une forêt considérable de gommiers, dont il ne vit la fin qu'au bout de cinq jours de marche : la nuit il entendait autour de lui les rugissemens des lions; il fut continuellement obligé d'allumer de grands feux pour les écarter. Le 31 janvier, il arriva au village de *Passe* qui dépend du royaume des Mandingues; le lendemain il se rendit à Malême dans le royaume de Bambouk : le territoire de cette ville est très-bien cultivé. Rubault traversa, avant d'y arriver, une plaine immense, régulièrement plantée de très-beaux arbres. Les habitans de Malême sont beaucoup plus civilisés que les peuples des diverses parties qui avoisinent la côte. Le roi voulut voir ce voyageur et lui fit un excellent accueil.

Rubault passa ensuite par Cafeim, Combalot et Caldenne. Ce pays lui parut cultivé avec beaucoup de soin et d'intelligence. Les champs sont particulièrement semés d'indigo; les naturels en font un commerce considérable, tant dans l'intérieur de l'Afrique que sur les bords de la Gambie. Les habitans de Caldenne sont presque tous teinturiers. Rubault se reposa un jour dans cette ville, d'où il se rendit à Cambia, dans le royaume d'Youly, et de-là à Lamcême. Cette ville est située sur le sommet d'une montagne considérable; il n'y parvint qu'après avoir gravi des rochers escarpés. Il eut le malheur d'y perdre deux de ses chameaux, qui ayant bronché dans un passage étroit et difficile, furent en un instant abîmés au fond d'un précipice où l'œil pouvait à peine pénétrer : c'était précisément ceux qui portaient ses marchandises de traite; cet événement devint la cause de tous les désagrémens qu'il éprouva pendant le reste de son voyage, n'ayant plus rien à donner aux différens princes sur le territoire desquels il passait. Le chef du village de Lamcème ne voulait pas le laisser partir qu'il ne lui eût fait un présent. Il obtint cependant la liberté de s'en aller, en promettant d'envoyer de Galam de la poudre et un fusil.

Le 7 février, il passa à Calor, où il éprouva les mêmes contrariétés qu'à Lamcème, par la raison qu'il n'avait rien à donner.

Le 8, il arriva à Gambie, qui dépend du royaume de Mériné. Il existe dans ce pays un usage assez singulier, dont Rubault a eu occasion de s'assurer. Lorsqu'un mari est absent, le voisin prend possession de sa femme. Il eût été intéressant de savoir s'il la lui rend lorsqu'il revient.

Rubault fut accueilli avec hospitalité dans ce village, il y reçut même quelques provisions, ayant à traverser, le lendemain, une forêt considérable. Il rencontra dans cette route des lions, des tigres et des sangliers en grand nombre. Le même jour une lionne, avec six petits, s'approcha très-près de lui et se plaça précisément au milieu du chemin qu'il devait suivre, tandis que le lion se tenait à la distance de deux portées de fusil. Rubault fit feu sur la lionne, sans la toucher; mais le bruit le débarrassa bientôt de cette rencontre incommode; et il eut le passage libre.

Cependant ses vivres étant épuisés, il se vit réduit, ainsi que ses compagnons, à manger d'un fruit sauvage qu'il appelle *youne*. Ce fruit a le goût de la patate; c'est une espèce de truffe dont les sangliers sont très-friands. Rubault déclare que c'est en partie à ces animaux qu'il a dû sa subsistance dans cette occasion ; lorsqu'il les apercevait occupés à déterrer le fruit, il les effrayait par des coups de fusil et allait aussitôt leur enlever celui qu'ils avaient découvert.

Il sortit enfin de cette forêt, et passant ensuite par Taligot, Ganadot et Coudy, il arriva le 12 février à Bognel ; le chef du village de Coudy lui fit un très-bon accueil ; il lui offrit du riz et des fruits excellens. Rubault fut surpris de la coiffure singulière des femmes de ce pays ; elles frisent et crêpent leurs cheveux comme les Français d'autrefois, et portent des grecques d'un pied de haut en forme d'éventail.

Le chef du village de Bognel, qui est le grand marabout de tout le canton, lui fit également une bonne réception et lui fournit tout ce qui lui était nécessaire. Rubault remarqua que ce marabout, quoique mahométan, avait une grande croix au haut de sa maison.

Ce sont des restes qui rappellent encore les établissemens que les Français avaient autrefois parmi ces peuples; et les ornemens, jadis à la mode de France, que les femmes du pays ont adoptés et conservés, prouvent combien le caractère, les mœurs et les usages des Français y seraient encore goûtés.

Rubault se rendit le lendemain à Coursan, qui est la résidence ordinaire du roi Almammy: ce prince exigea de Rubault des présens pour son passage. Le voyageur, manquant absolument de tout, ne put le satisfaire; il n'obtint la liberté de continuer sa route, qu'en s'engageant à envoyer, de Galam, deux pièces de guinée, un fusil fin, quatre livres de poudre, cent pierres à fusil, cent balles, et une paire de pistolets à deux coups. Ce prince est le même qui commande à Saldé, sur les bords du Sénégal, où il rançonne les bâtimens qui remontent le fleuve pour se rendre à Galam. Rubault aurait pu éviter de passer par les états de ce prince injuste, en descendant quelques lieues vers le sud pour les tourner.

Le 15, il arriva à Gonguyoraux, joli village dépendant du royaume de Bondou. Le chef de ce village l'invita obligeamment à descendre chez lui; il semblait prendre beaucoup de plaisir à s'entretenir, avec Rubault, des usages des Européens et du commerce qu'ils font au Sénégal. Il lui fit servir, pour son souper et celui de ses compagnons, deux poules au riz et une sauce piquante aux oignons : ce genre de repas n'est pas ordinaire chez les Africains, et c'est sans doute par politesse que leur hôte leur offrit un mets qu'il savait être du goût des Français.

Le lendemain, il les fit escorter jusqu'à Cainoura, et les adressa au chef, qui, à sa recommandation, les reçut parfaitement bien. Cainoura est un village considérable sur les bords de la rivière *Falémé*, à vingt lieues de l'endroit où elle se jette dans le Sénégal. Avant d'y arriver, Rubault traversa une plaine riante et très-bien cultivée: elle est arrosée par une infinité de petits ruisseaux qui vont se perdre dans la Falémé, et donnent à la végétation une vigueur et une fraîcheur continuelles. Les bâtimens de l'ancienne compagnie des Indes remontaient jusqu'à ce village, et y traitaient des Nègres, de l'or, du morfil et du mil.

Après avoir passé par Ganada et Galoubo, dont le chef parlait français passablement, il arriva, le 17 février, à Tombaboukany, village dépendant du royaume de Galam, et dans lequel se trouve situé le comptoir français, nommé *fort St.-Joseph.*

Rubault, parti du Sénégal le 11 janvier 1786, a donc mis trente-six jours à se rendre à sa destination; mais il a séjourné dix jours, ce qui réduit à vingt-six, le temps nécessaire pour faire la route.

On voit encore, d'après le relevé de son

itinéraire, qu'il a marché deux cent soixante-neuf heures, c'est-à-dire, environ dix heures par jour; ce qui, à raison de trois quarts de lieue par heure, suppose une distance de deux cent une lieues. On compte trois cents lieues du Sénégal à Galam, en remontant la rivière : la route par terre abrège donc de quatre-vingt-dix-huit lieues. On doit regretter qu'un semblable voyage n'ait pas été exécuté par un homme plus éclairé que Rubault : né dans une classe obscure, ce voyageur manquait de l'instruction nécessaire pour observer avec fruit; il se rendait à Galam, plutôt pour s'y occuper de spéculations mercantiles, que pour y faire des observations utiles aux progrès des sciences. Cependant, ses remarques sont parfois intéressantes, et nous avons cru devoir citer son itinéraire, qui nous a paru exact, et parfaitement conforme à la géographie connue de la Sénégambie : cet itinéraire est précieux sous ce rapport, et doit servir de guide aux voyageurs qui voudront suivre la même direction.

M. Picard, employé de l'administration du Sénégal, entreprit dernièrement, avec l'autorisation du commandant de cette colonie, un voyage dont le but promettait un résultat avantageux au progrès des découvertes.

Il devait traverser la Sénégambie dans toute sa longueur, visiter les bords de la Falémé et ceux de la Gambie, reconnaître les sources du Niger, et observer les différens peuples chez lesquels il avait à passer. Il devait encore, s'il ne rencontrait pas d'obstacles, et si ses ressources le lui permettaient, descendre le Niger, en cotoyant ses bords jusqu'à Houssa, d'où il serait revenu en longeant la rive septentrionale du fleuve et en passant par Galam; enfin, il aurait effectué son retour en suivant l'itinéraire de Rubault, depuis Galam jusqu'au Sénégal.

M. Picard réunissait toutes les qualités nécessaires pour exécuter un tel voyage avec succès : il joignait à des connaissances étendues, fruit d'une excellente éducation, des avantages qu'on ne reçoit que de la nature, c'est-à-dire, une santé à toute épreuve, et un courage, une patience que rien ne pouvait ébranler.

Il partit du Sénégal, accompagné d'un marabout et d'un domestique nègre, et emmenant avec lui deux chameaux. Après avoir traversé, dans la direction de l'est, le royaume de Cayor, il arriva, au bout de quelques jours, à Ouaroc, petit village dont les habitans sont intrépides chasseurs : ils poursuivent, jusque dans leurs repaires, les lions et les éléphans. Il n'eut qu'à se louer de l'hospitalité de ces Africains, qui sont de la race des Jaloffs, et dépendent du *Burba*. A quelques lieues d'Ouaroc, il aperçut un Nègre caché derrière un rocher, où il semblait se tenir en embuscade. Comme il était armé d'un fusil, les voyageurs se mirent sur la défensive et observèrent ses mouvemens. Dès qu'ils furent arrivés près de lui, le Nègre leur demanda s'ils voulaient acheter des dents d'éléphant. M. Picard lui ayant fait entendre qu'il désirait les voir, le Nègre lui répondit que l'éléphant devait passer par ce chemin pour aller boire à un étang voisin, et qu'il l'attendait pour le tirer à son passage. Il offrit même, si on le préférait, de conduire sur-le-champ les voyageurs dans le bois où se tenait l'animal, pour l'attaquer tous à la fois. Picard le remercia, et continua sa route, après avoir ri du hasard singulier qui lui faisait retrouver en action, dans les montagnes de l'Afrique, la fable de la *peau de l'ours*.

Les voyageurs dirigèrent leur route vers l'est, et arrivèrent le lendemain à Hicarkor, ville assez considérable, où ils furent très-bien reçus. Les habitans n'avaient pas vu de Français depuis long-temps. Les plus âgés se rappelaient encore du voyage de Rubault; ils en parlèrent à M. Picard avec plaisir. Chacun l'accablait de questions de toute espèce, auxquelles on ne lui donnait pas le temps de répondre. Il s'aperçut enfin que, pendant qu'on l'occupait ainsi, quelques jeunes gens visitaient ses bagages. Dès qu'il s'approcha, les curieux se retirèrent fort poliment, sans se le faire dire deux fois. M. Picard suivit aussitôt un des principaux officiers, qui vint lui offrir de descendre dans sa maison, et d'y mettre ses effets en sûreté. Le lendemain, en quittant son hôte, il lui fit un présent convenable.

Les jours suivans, il traversa une forêt considérable, dans laquelle il vit beaucoup de lions et de tigres : il dit que ces animaux attaquent rarement l'homme, sur-tout en plein jour. Il cite, à cet égard, une aventure qui lui est personnelle, et dans laquelle il courut quelques dangers : il s'était un jour écarté de ses compagnons, en chassant un grand aigle qu'il désirait abattre; il était si animé à sa poursuite, qu'il ne s'aperçut pas, au moment où il le couchait en joue, qu'un énorme tigre se trouvait étendu à vingt pas de lui. Le tigre, le voyant approcher, se leva et alla se coucher vingt pas plus loin. Les gens de M. Picard, qui le suivaient des yeux, apercevant l'animal, crièrent pour l'avertir du danger; mais loin d'écouter leur voix, il avançait encore, pour être plus sûr de son coup, et ne pas manquer son aigle, lorsque le tigre, ennuyé sans doute de se déplacer une seconde fois, poussa, en se relevant, un rugissement affreux, qui fit oublier sa proie au chasseur, et le força à rejoindre précipitamment ses compagnons, qui lui racontèrent ce qu'ils avaient observé.

Après plusieurs jours de marche très-fatigante, à travers des montagnes escarpées et des forêts presqu'impénétrables, ils arrivèrent à Fouta-Torra, ville assez considérable dans le pays des Foulahs.

Le prince qui régnait, se trouvant alors en guerre avec ses voisins, conçut des soupçons sur l'objet du voyage de M. Picard, ou plutôt il affecta de le prendre pour un espion, afin d'avoir un prétexte pour le dépouiller de tout ce qu'il avait.

Il lui fit défendre, en effet, de sortir de la ville, et ordonna la confiscation de son bagage. Le marabout et le Nègre qui accompagnaient M. Picard, effrayés de cette conduite, et craignant pour eux-mêmes un plus mauvais traitement, prirent la fuite, et se sauvèrent à travers les bois.

Cependant le roi se détermina à renvoyer M. Picard, après s'être assuré que ses soupçons n'étaient pas fondés; toutefois il lui signifia de retourner vers la mer, d'où il était venu, et il ne lui rendit qu'un fusil à l'instant de son départ. Il lui fit fournir des provisions pour sa route, et ordonna à une vingtaine de cavaliers de l'escorter jusqu'aux frontières de ses états.

Le voyageur rapporte que les meilleures troupes de ce prince, un des plus puissans de la Sénégambie, consistent en trois ou quatre mille hommes de cavalerie, assez bien montés, mais mal armés, se battant sans ordre, et ne connaissant aucun principe de manœuvres. Il assure qu'il ne faudrait pas cinq cents hommes d'infanterie pour conquérir cet état et ceux qui l'environnent.

Son trajet, jusqu'au Sénégal, fut long et pénible. Après le départ des Foulahs, il se trouva seul et sans guide, au milieu de routes qui lui étaient inconnues, manquant souvent de nourriture. Il eut quelquefois plus à redouter des Nègres jaloffs qu'il rencontrait, que des bêtes féroces dont il entendait les rugissemens autour de lui ; mais il sut heureusement en imposer à ces hommes barbares, par son air hardi et déterminé. Voici un fait qu'il raconte à ce sujet: deux jours avant son arrivée au Sénégal, se trouvant accablé de fatigues et de besoins, il entre dans une habitation isolée, pour y demander du lait et un plat de couscous. Il y voit six Nègres qui se lèvent à son approche, l'environnent, l'examinent de la tête aux pieds, en fixant sur-tout son fusil, qui paraissait être l'objet de leur convoitise. Le voyageur devina aisément leur mauvais dessein ; mais, conservant son sang-froid, il tira de sa poche un verre à lentille, avec lequel il mit le feu à un morceau d'amadou pour allumer sa pipe. Les Nègres, qui l'observaient, demeurèrent surpris au dernier point quand ils virent l'amadou fumer. Le plus hardi de la bande lui demanda le verre ; mais M. Picard le lui refusa avec fermeté, en lui faisant entendre que c'était un talisman qui lui donnait le pouvoir de faire descendre le feu du ciel, et au moyen duquel il lui serait facile d'embraser leur maison. Cette explication, faite d'un ton résolu et accompagné de gestes expressifs, intimida les Nègres, qui, le regardant comme un homme extraordinaire, lui témoignèrent le plus profond respect ; ils lui servirent à manger comme il le désirait, et le laissèrent partir sans oser lui faire la moindre insulte.

Le Sénégal et la Gambie sont, le premier, le *Daradus*, et l'autre, le *Stachir*, que Ptolemée représente se précipitant dans la mer des deux côtés du promontoire *Arsinarium*, aujourd'hui le Cap-Vert.

Le Sénégal doit son nom à une tribu arabe, appelée *Assenhagi* ou *Senhaga*, d'où les premiers Portugais, qui l'ont découvert, l'ont nommé *Senehaga* ou *Sénégal*. La principale source de ce fleuve est située dans le Jallonkadou, à environ quatre-vingts milles ouest de la source du Niger, et à cent milles vers l'est de celle de la Gambie. Quoique ses différentes branches soient très-nombreuses, il ne forme plus, dans la saison des pluies, qu'une seule et immense rivière.

La rive septentrionale du Sénégal est occupée, dans toute sa partie navigable, par les Maures du désert, dont le territoire s'étend au nord des trois grands fleuves de l'Afrique, depuis l'embouchure du Sénégal jusqu'en Abissinie. La couleur de ce peuple est celle du mulâtre; il semble que le sang nègre coule dans leurs veines. Ils surpassent les Nègres en ruse et en perfidie; ils sont aussi plus intelligens et plus industrieux.

Au lieu de la figure lourde et épaisse du Nègre, au lieu de son air nonchalant, ils ont des traits saillans, un regard sombre et farouche, une attitude hardie et menaçante. Les Bracnars occupent la partie du désert qui est près de l'embouchure du Sénégal; la partie du désert la plus voisine de Podor est habitée par les Trazarts, Trargeas ou Terarzas, tribu puissante dont Léon a désigné le territoire sous le nom de *désert de T'warges, Targa ou Hair*. C'est à cette tribu qu'appartiennent les principales forêts de gommiers. Le pays est fertile en plusieurs endroits, mais il est coupé par des plaines de sable blanc, où l'on trouve encore, cependant de loin en loin, quelques bosquets de tamarins, et quelques touffes de liserons, dont les fleurs pourprées tranchent d'une manière agréable sur le vert foncé de leurs tiges rampantes. Outre l'incommodité des pluies de sable, qui obscurcissent quelquefois l'atmotsphère, ce climat est encore exposé à des vents d'est étouffans, dont l'influence est extrêmement malfaisante; ils desséchent et gercent la peau jusqu'à faire sortir le sang par tous les pores; ils changent la couleur noire des Nègres en un rouge cuivré, et ils rendent le sable si brûlant qu'à peine on peut y toucher.

Les sables de la côte sont souvent couverts d'une multitude de crabes jaunes, rangés et serrés les uns près des autres, comme les tuiles sur le toit d'une maison; ces animaux se trouvent dans les marais : il y en a souvent de la grosseur de la jambe.

Le pays renferme plusieurs marais salans le long des rives du Sénégal, ainsi qu'à une grande distance de son cours; mais ces marais ne paraissent pas avoir la moindre communication avec le fleuve, puisqu'ils sont souvent plus élevés que ses eaux.

Le sel se forme en croûtes au fond de ces marais; il est d'une blancheur éblouissante, et quelquefois d'un vif incarnat; son goût est extrêmement âcre et amer. Lorsqu'on enlève une partie de cette croûte, elle est bientôt remplacée par de nouveaux sels qui s'y déposent, de même qu'un trou fait dans la glace se remplit aussitôt par l'effet du froid.

Les hordes errantes des Mongearts se confondent et se mêlent quelquefois avec les Bracnars et les Trargeas, et paraissent souvent dans le voisinage du Kajaaga. L'extrémité occidentale du pays des Maures qui touche au Sénégal, se nomme *Gedumah*; elle se trouve vis-à-vis le Kajaaga ou Galam qui comprend l'extrémité navigable du fleuve sur les deux rives.

Vers l'est, les Maures de Jaffnoo sont voisins d'un petit état nègre nommé *Kasson*, qui est très-fortifié par ses montagnes, et qui, dans le commencement du dix-septième siècle, étendit sa domination sur le Kajaaga, le Bambouk et tout le pays du Siratick; vient ensuite le Ludamar, qui appartient aux Maures, et se trouve vis-à-vis le Kaarta occupé, comme nous l'avons déjà dit, par les Nègres. En avançant plus loin, vers l'est, on trouve le Birou et Tombuctou, qui, du côté du midi, confinent au Bambara et à Massina.

A partir de Tombuctou, la ligne du pays des Maures s'étend tout le long du Niger, en passant par Houssa, Berissa, Assouda, Kanem et Hukou, jusqu'à Dongola, près du Nil. Toutes ces tribus maures, quoique gouvernées par leurs chefs respectifs, reconnaissent cependant, en quelque sorte, l'autorité souveraine de l'empereur de Maroc; mais c'est plutôt comme chef de la religion que comme potentat. C'est ainsi que les Algériens reconnaissent la souveraineté de l'empire ottoman, sans jamais consentir cependant à recevoir ses troupes sur leur territoire.

A différentes époques, les Maures sont parvenus, par le moyen de leurs Marabouts, à prendre un grand empire sur l'esprit des Nègres, et à les porter à la révolte contre leurs princes naturels. Vers le milieu du dix-septième siècle, les Maures, soutenus par l'empereur de Maroc, obtinrent, pendant long-tems, de grands avantages sur les Jaloffs qui finirent cependant par les chasser entièrement de leur territoire.

Le pays qu'occupent ces tribus est stérile; il produit peu d'objets propres à l'industrie et au commerce; aussi ces peuples mènent-ils une vie nomade; ils se nourrissent principalement de la chair et du lait de leurs bestiaux. Les Nègres leur apportent du bled, des toiles de coton et des métaux, en échange du sel qu'ils tirent des salines du désert.

Ils fabriquent une forte étoffe de poil de chèvre, dont ils se servent pour couvrir leurs tentes ; ils font des selles et des brides de la peau de leurs bestiaux. Le peu de culture qui se fait dans le pays est absolument laissé aux Nègres qui habitent sur leur territoire.

La vie errante des Maures au milieu du désert, l'intolérance de leur religion, leur supériorité sur les Nègres, résultat de quelques connaissances qu'ils doivent à l'étude de la langue arabe, toutes ces causes réunies leur inspirent une aversion profonde pour les étrangers, un attachement aveugle et superstitieux pour leurs usages, et un sentiment d'orgueil et d'amour-propre qu'on reconnaît à la fierté de leur démarche, à leur air menaçant, et à leurs regards audacieux et farouches. Les dangers continuels dont ils sont environnés dans le désert, les endurcissent à la fatigue ; et les privations fréquentes que leur impose la religion aussi bien que la nécessité, les accoutument à supporter avec constance et fermeté les tourmens de la faim et ceux de la soif.

Plusieurs de leurs maximes guerrières respirent encore ce courage martial qui distinguait les conquérans de l'Espagne et de l'Afrique. « Y a-t-il rien de plus lâche, » disent-ils que de tuer un homme avant » d'en approcher assez pour en être distin- » gué. » Les Maures d'autrefois avaient coutume d'avancer d'abord jusqu'à la portée de la lance de l'ennemi, et se retirant ensuite quelques pas, ils commençaient le combat avec leurs dards et leurs flèches ; mais depuis que la supériorité de leurs armes est devenue plus douteuse, ils se sont contentés d'user de ruse et de perfidie. Cependant leur courage naturel, leur adresse dans la guerre de pillage, et sur-tout la vitesse incomparable de leurs chevaux, les rendent formidables aux tribus paisibles de Nègres cultivateurs qui, n'étant jamais préparés pour repousser leurs attaques, et n'étant pas en état de leur rendre de justes représailles, se trouvent souvent pillés, ravagés et faits prisonniers, à l'instant même où ils étaient dupes de leurs protestations insidieuses d'amitié. Les Nègres ne se risqueraient jamais dans le désert, en petit nombre; un ou deux Maures, au contraire, traverseraient seuls toute l'Afrique hardiment et sans aucun danger, et ils pilleraient encore, le long de la route, les Nègres qui leur auraient donné l'hospitalité.

Les Maures regardent les femmes comme un animal d'une espèce inférieure, dont le seul mérite est la volupté, et le seul devoir une soumission absolue aux volontés et à la brutalité de leurs maris, qui sont plutôt leurs maîtres : tels sont les Maures du Sénégal et du Niger, qui, suivant M. Park, allient l'aveugle superstition du Nègre à la cruauté et à la perfidie de l'Arabe.

Le but principal des Français, en formant l'établissement du fort St.-Joseph, dans le Kajaaga, était moins de protéger et d'attirer à eux le commerce de ce pays, que de s'assurer un point fixe de départ d'où ils pussent pénétrer avec plus de facilité jusqu'à Tombuctou, Gago et Melli, pour y faire le commerce de l'or. Mais lorsqu'ils eurent rempli ce premier objet, ils rencontrèrent des obstacles insurmontables, qui ne leur permirent pas d'aller plus loin. Les Serrawoollis et les Mandingues, qui sont en possession de ce commerce, dont ils ont exclu même les Foulahs et les Siraticks, éludèrent toutes les offres, et résistèrent à toutes les propositions qu'on put leur faire. Déconcertés par cette résistance, les Français tournèrent leurs vues vers le Bambouk, où ils pénétrèrent par la rivière de Falémé, sur laquelle ils construisirent le fort St.-Pierre. Quoique les naturels du Bambouk soient, en général, extrêmement soupçonneux envers les étrangers, et qu'ils gardent l'entrée de leur pays avec une précaution jalouse,

M. Compagnon a réussi, en 1716, non-seulement à s'y introduire, mais même à se concilier la bienveillance et la protection des chefs, qui lui permirent de traverser leurs domaines dans tous les sens, et de s'y procurer des échantillons des mines d'or qui y existaient alors.

Ces essais de minerai furent envoyés à Paris par M. de la Brue, avec divers plans et projets d'établissemens à former dans le pays. Il s'engageait à faire la conquête du Bambouk avec douze cents hommes, et il calculait qu'au bout de quatre ans le produit des mines aurait remboursé les frais de l'expédition ; mais aucun de ses plans ne fut accueilli, et le commerce des Français, dans cette partie, se trouva relégué à Galam.

Le Bambouk est un pays d'une étendue considérable, borné, au nord, par le Kajaaga et le Kasson ; au sud, par le Konkadou et le Satadou ; à l'ouest, par le Bondou, et à l'est, par le Gadou, et par un autre état dépendant des Foulahs, nommé Brooko.

Les naturels, qui portaient originairement le nom de *Malinkops*, se sont alliés et mélangés avec les Mandingues depuis environ deux siècles; ils ont perdu ainsi les traits caractéristiques qui les distinguaient de cette race de Nègres.

Leur gouvernement est alternativement monarchique et oligarchique. Leur sol, abondant en mines d'or, d'argent, de cuivre, d'étain et de fer, produit fort peu de millet, de riz et de maïs pour leur subsistance, et fournit à peine assez de paille ou d'herbes, pour couvrir leurs maisons. L'air y est mal-sain à cause des vapeurs pestilentielles qui s'exhalent des mines, et à cause de la chaleur insupportable que produit la réverbération du soleil sur les montagnes arides et élevées dont le pays est environné, et qui empêchent les vents d'y circuler.

Ils ont fort peu de pâturages, et n'élèvent, par cette raison, que des moutons et des chèvres. Le travail des mines n'est réglé que par le caprice ou les besoins des chefs des divers cantons. Les ouvriers qu'on y emploie, sont à la fois mal-adroits et paresseux; et comme ils ne se servent ni d'échelles ni d'échafauds, ils ne vont jamais à plus de dix pieds de profondeur, quoiqu'il soit reconnu qu'à mesure qu'on creuse la mine, l'or devient plus abondant.

Les naturels s'imaginent que l'or est un être capricieux et malin, qui se fait un plaisir de tromper et d'éviter les mineurs; aussi ne cherchent-ils jamais à retrouver une veine lorsqu'elle a disparu.

Tandis que les Français tentaient de pénétrer, par le Sénégal et le Falémé, dans les pays qui produisent de l'or, les Anglais cherchaient à s'y introduire par la Gambie, comme avaient fait autrefois les Portugais.

Vers l'an 1520, le roi de Portugal envoya des ingénieurs et des ouvriers au haut de la Gambie, près des cataractes de Baraconda, pour faire sauter les masses de rochers qui gênent la navigation du fleuve; mais, après avoir examiné l'entreprise sur les lieux, les ingénieurs la trouvèrent impraticable.

En 1618, le capitaine Tomson avait remonté la Gambie jusqu'à Tinda, environ trente lieues au-dessus de Baraconda; il avait dépêché de-là un agent à Jaye, petite ville située à neuf jours de marche plus loin; mais il fut assassiné par ses propres gens, qui se mutinèrent contre lui, et pillèrent ses effets : toutes ses observations furent ainsi perdues pour l'état.

En 1619, le capitaine Jobson entra dans la rivière de Tinda, où il se procura quelques informations sur Jaye, Mombar et T'omba-Conda; mais il ne poussa pas jusqu'à la ville de Tinda.

En 1723, le capitaine Stibbs pénétra près de vingt lieues au-dessus de Baraconda; mais la rivière étant fort basse alors, il ne put aller jusqu'à Tinda. Dès le commencement du dix-huitième siècle, les agens mulâtres employés par les Anglais, fréquentaient déjà les bords de la Falémé.

De la Brue rapporte que le capitaine Agis a visité, de son temps, la rivière Falémé, et il ajoute que cet officier anglais, de retour à Vintain, sur la Gambie, où il demeurait, ayant trouvé sa femme, qui était mulâtresse, accouchée d'un enfant noir, fit piler dans un mortier cette pauvre petite créature et la fit ensuite jeter aux chiens.

En 1791, le pays fut visité par le brave, mais infortuné major Houghton, qui, aussitôt après la mort de Ledyard et le retour de M. Lucas, entreprit de parcourir l'Afrique, en suivant le plan de la société. Il s'était instruit des mœurs et des usages des Maures, pendant la résidence qu'il avait faite à Maroc, en qualité de consul anglais, et il avait appris à connaître les Nègres dans son séjour à Gorée, dont il avait été major commandant; il remonta la Gambie jusqu'à Pisania, où demeurait le généreux docteur Laidley. Pisania est un petit village dans le royaume d'Yany, sur les bords de la Gambie, où les Anglais ont établi un comptoir; il est situé à treize degrés trente-cinq minutes de latitude nord et à treize degrés vingt-huit minutes de longitude ouest.

De Pisania, le major Hougton entra dans le royaume mandingue de Woolli, borné à l'ouest par le Walli; au nord-est, par le Bondou; et à l'est, par le désert de Simbani. Ce pays est agréablement varié par des plaines, des vallées et des hauteurs extrêmement fertiles, et parfaitement bien cultivées, sur-tout dans le voisinage des villes.

On trouve sur le sommet des montagnes une pierre rougeâtre et ferrugineuse; on l'aperçoit de loin à travers quelques arbrisseaux rabougris qui y croissent, et qui n'embellissent pas le tableau.

Le coton, le tabac et une infinité d'autres plantes viennent en abondance dans les vallées, tandis que le penchant des collines est couvert de blé.

Le gouvernement est entre les mains des payens qui sont plus nombreux que les mahométans. A Médême, capitale du Woolli, le major fut reçu avec bonté et hospitalité par le roi lui-même, qui lui donna diverses instructions sur les routes qu'il devait prendre, pour arriver avec plus de sûreté dans les contrées intérieures. A mesure qu'il se procurait quelques renseignemens utiles ou intéressans sur ces divers pays, soit des *slatis* ou marchands d'esclaves, soit des shérifs ou marabouts qui y voyageaient, il les communiquait aussitôt à M. Laidley, qui les adressait ensuite à la société d'Afrique.

Il paraît qu'il se promettait le plus grand succès en suivant cette méthode. Il écrivait de Médême le 6 mai 1791 : « J'ai re-
» cueilli les notes les plus instructives sur
» les places que j'ai le projet de visiter; elles
» me sont fournies ici par un shérif de Tom-
» buctou qui, par un heureux hasard, m'a-
» vait connu à Maroc, lorsque j'y étais con-
» sul, en 1792. J'apprends que les habitans
» du pays se servent dans la rivière que je
» vais remonter, de bâtimens mâtés, a-
» vec lesquels ils font le commerce depuis
» Tombucton vers l'est, jusqu'au centre
» de l'Afrique. Je me propose de m'em-
» barquer sur un de ces navires, pour me

» rendre de Genné dans le Bambara, à Tom-
» buctou. »

Les détails que nous avons sur la grandeur et la capacité des bâtimens employés à la navigation du Niger, dans le voisinage de Tombuctou et de Houssa, sont fondés sur différentes autorités déjà anciennes, et remontent jusqu'au commencement du dix-huitième siècle. De la Brue avait appris, de quelques négocians mandingues à Galam, qu'à quelques lieues de Tombuctou, on naviguait sur le Niger avec des barques à mâts, et qu'il se rendait tous les ans dans cette ville une caravane considérable de blancs armés de fusils. D'après le rapport de divers marchands venus de l'intérieur à Pisania, le docteur Laidley assure que les bâtimens qui vont à Houssa, portent jusqu'à cent tonneaux, et M. Parck, avant son départ de la Gambie, avait entendu dire à un prêtre africain venant de Tombuctou, que les canots du Niger étaient grands, solidement construits, formés de plusieurs planches unies ensemble, et, pour la plupart montés par des blancs. On ne trouvera rien d'étonnant dans cette relation, si l'on considère que Tombuctou, et Gago même, qui est encore beaucoup plus loin vers l'est, ont été subjugués à différentes reprises par les armes de Maroc, et que toutes ce contrées, aussi bien que le Zanfara et le Melli ont été souvent traversées par des caravanes parties de Maroc, de Tunis et de Tripoli.

De Médine, le major Hougthon se rendit dans le Bambouk, où, après avoir traversé la Falémé à Cacullo, à treize degrés cinquante-quatre minutes de latitude, il arriva à Ferbanna. Il fut accueilli avec hospitalité par le roi de Bambouk, qui lui donna des conseils pour le diriger dans sa route jusqu'à Tombuctou, et qui lui fournit même un guide et tout l'argent nécessaire aux frais de son voyage.

On ne sait pas exactement la route qu'il suivit après son départ de Bambouk; il paraît cependant que, malgré l'avis de ses amis en Angleterre, et contre le projet auquel il s'était d'abord arrêté lui-même, il s'était embarrassé d'un assortiment de marchandises, telles que des linons, des toiles rouges, des coutelleries, des verroteries et de l'ambre : la vue de ces nouveautés, en excitant puissamment la cupidité et la rapacité des naturels, l'entraînait souvent dans des contestations, dont les conséquences pouvaient être très-dangereuses pour lui.

Après avoir surmonté des difficultés sans nombre, il se dirigea vers le nord, et essaya de passer par le Ludamar. Simbing, petit village sur la frontière de cet état, est situé dans un défilé étroit, entre deux rochers à pic; il est entouré d'une haute muraille : c'est de-là que le major, au moment où il venait d'être abandonné par ses domestiques noirs, qui avaient refusé de le suivre sur le territoire des Maures, écrivit, avec un crayon, sa dernière lettre au docteur Laidley. Cette lettre, datée du 1.ᵉʳ septembre 1791, était conçue en ces termes : « Le » major Houghton fait ses complimens au

» docteur Laidley, et le prévient qu'il se
» porte bien, qu'il continue sa route vers
» Tombuctou, et qu'il a été volé de la plus
» grande partie de ses effets par le fils de
» Fenda-Bucar. »

A Jarra, pour un fusil et un peu de tabac, il engagea quelques marchands maures, qui allaient acheter du sel dans le désert, à le conduire à Tisheet, ville située dans le voisinage des salines, et à dix jours de marche au nord de Jarra. Il est impossible de déterminer positivement s'il a été trompé sur la route qu'il devait prendre, ou si on l'a attiré insidieusement dans le désert; mais au bout de deux jours, ayant eu quelques raisons de soupçonner la perfidie de ses compagnons, il prit la résolution de retourner à Jarra; et, sur son refus de continuer sa route, il fut pillé et abandonné par les Maures.

Le major Hougthon revint à pied à travers le désert, seul et mourant de faim. Il n'avait pas mangé depuis plusieurs jours, lorsqu'il arriva à Jarra, petite place où se trouve une citerne, appartenant aux Maures : on accuse les habitans de l'avoir assassiné, ou de l'avoir laissé périr, en refusant cruellement de lui donner à manger. Son corps fut traîné dans le désert, et abandonné sous un arbre, dans un lieu que M. Park s'est fait montrer lorsqu'il passa dans la suite à Jarra.

Les marchands de la Gambie ont prétendu qu'il avait été assassiné d'après des ordres secrets du roi de Bambara; mais ce rapport a été formellement démenti, et l'on a assuré qu'il était mort des suites d'une dissenterie.

Le docteur Laidley chercha inutilement à recouvrer ses livres et ses papiers, en promettant des récompenses aux marchands du pays qui lui en rapporteraient quelques parties. La société s'est vue privée, pour la seconde fois, du fruit de ses efforts, par la perte prématurée d'un voyageur, dont le courage et l'habileté offraient une garantie assurée du plus heureux succès. Le souvenir douloureux des circonstances qui ont accompagné la mort de l'infortuné major Hougthon, ne peuvent manquer d'exciter à la fois la sensibilité, les larmes des hommes qui l'ont connu, et les regrets, en général, de tous ceux qui prennent quelqu'intérêt aux progrès des sciences (*).

(*) Léon l'Africain. — De la Brue. — Compagnon. — Barbot. — Société d'Afrique. — *Voyage à Galam, à Fouta-Torra.* — *Voyage* de Mungo Park *en Afrique.* — *Géographie* de Rennel. — *Voyage* de Lobo *en Abissinie.* — Ptolemée. — *Mémoires* de M. de la Jaille. — *Voyage au Sénégal*, par P. Labarthe, 1 vol. *in-8°*. Dentu.

CHAPITRE II.

Voyage de M. Park, de Pisania en Yani, à Médine en Woolli. — Dans le Bondou. — Le Kajaaga. — Le Kasson. — Le Kaarta. — Description du Lotus. — Guerre entre le Kaarta et le Bambara. — Voyage et détention de M. Park dans le Ludamar. — Sa fuite à travers les déserts du Bambara. — Voyage à Silla. — Retour le long du Niger. — Voyage dans le Manding. — Hospitalité exercée à Kamalia. — Voyage dans le Jallon-Kadou, le Konkadou, le Satadou et le Dentila. — Description de Fouta-Torra. — Retour de M. Park à Pisania.

Quoiqu'on n'ait jamais eu de détails bien précis sur les événemens qui ont occasionné la mort du major Hougton, cependant la nouvelle de cette perte ne tarda pas à se confirmer; et la société se hâta de faire un nouveau choix.

M. Mungo Park, né près de Selkirk en Écosse, avait étudié la médecine à Édimbourg, et revenait d'un voyage qu'il avait fait aux Indes orientales; enflammé du désir de parcourir les régions inconnues de l'Afrique, d'examiner leurs productions, et de connaître les mœurs de leurs habitans, il se fit présenter par le président de la société. Le comité fut satisfait de ses réponses et des connaissances qu'il annonçait avoir en astronomie, en géographie et en histoire naturelle; la société, à l'unanimité, l'agréa. Muni de ses instructions, M. Park s'embarqua à Portsmouth le 22 mai 1795, et arriva à Jillifrey, sur la rive septentrionale de la Gambie.

Jillifrey, à treize degrés seize minutes de latitude nord, et seize degrés sept minutes de longitude ouest, est situé dans le royaume de Barra; ses habitans commercent sur la Gambie : ils remontent avec leurs canots jusqu'à Baraconda, où ils changent leur sel contre du maïs, de la toile de coton, de l'ivoire et de la poudre d'or. Le grand nombre d'individus que ce commerce occupe et enrichit, rend le roi de Barra le chef le plus puissant des bords de la Gambie, et lui donne le moyen d'exiger des taxes exorbitantes des Européens qui commercent sur ces rivages.

Après avoir touché à Vintain, M. Park remonta la Gambie jusqu'à Jonkakonda, ville commerçante à seize milles de Pisania, où l'attendait le docteur Laidley, qui l'invita obligeamment à demeurer chez lui, jusqu'à ce qu'il trouvât une occasion favorable de continuer son voyage dans l'intérieur de l'Afrique.

Pendant son séjour à Pisania, M. Park s'appliqua particulièrement à apprendre la langue mandingue, à observer les productions naturelles du sol et à se procurer des renseignemens sur l'intérieur du pays, principalement en interrogeant les noirs libres qui font le commerce; mais tous cherchaient à le détourner de son projet de voyage, qui leur paraissait extrêmement dangereux.

Les occupations auxquelles il se livrait, furent interrompues pendant quelque temps par la fièvre du climat, dont il fut attaqué en s'exposant à la fraîcheur des nuits.

Yani, ainsi que les cantons mandingues adjacens, présentent l'aspect d'une plaine immense et uniforme; mais cette monotonie est bien compensée par la fertilité du sol. Outre le riz, le millet, le maïs et une infinité de végétaux excellens, les naturels cultivent encore avec succès l'indigo et le coton, qui croît tout autour des villes et des villages.

Leurs animaux domestiques sont à peu près les mêmes qu'en Europe. L'âne est employé à porter les fardeaux; mais ces Africains ne connaissent ni la charrue, ni l'art de substituer en agriculture le travail des animaux à celui des hommes. Les bêtes sauvages, qu'on y rencontre en grand nombre, sont l'éléphant, la panthère, l'hyène et le jackal. Les Nègres de la Gambie ne croient pas qu'il soit possible d'apprivoiser l'éléphant, et lorsqu'on leur en parle, ils disent : *C'est un conte de blanc.*

Les cris aigus du jackal, les hurlemens sourds de l'hyène, joints au croassement continuel des grenouilles et aux éclats affreux du tonnerre, forment toutes les nuits dans cette contrée la symphonie la plus épouvantable.

La Gambie est profonde et bourbeuse ; ses rives sont couvertes d'épais taillis de mangroves, qui servent de retraite à une infinité de requins, de crocodilles et de chevaux marins. Ce dernier animal serait mieux nommé éléphant marin. La rivière nourrit encore différentes espèces de poissons excellens.

Les végétaux sont la principale nourriture des Nègres ; ils écrasent le bled dans un mortier, et l'apprêtent ordinairement sous la forme de *couskous*, espèce de *pouding*, accommodé avec du bouillon gras.

Le *shea-toulou* ou arbre à beurre, leur tient lieu d'huile et de beurre dans leur ménage; ils en tirent une quantité considérable des cantons de l'intérieur. Le commerce des Nègres se fait par échange; ils ont, pour évaluer chaque objet, une mesure nominale, qu'ils appellent *barre*, depuis le Sénégal jusqu'au Cap-Monté; *pièce*, depuis le Cap-Monté jusqu'au Cap-des-Palmes; *ackey*, du Cap-des-Palmes à Whidah; *pan*, de Whidah à Benin; et *cuivre*, de Benin à Gabon. Ces dénominations tirent leur origine des différentes espèces de marchandises pour lesquelles les Nègres montrèrent le plus d'avidité, lorsque les Européens commencèrent à trafiquer sur ces côtes. A la Gambie, telle quantité de marchandises, estimée de la valeur d'une barre de fer, s'appelle une *barre* de telle denrée.

Dès que la saison des pluies fut passée, M. Park se garda bien d'attendre la caravane des marchands d'esclaves, dont il craignait la jalousie; il partit de Pisania le 2 décembre 1795, et se dirigea vers le royame de Walli, suivi de deux domestiques noirs, et accompagné de deux slatis ou marchands de la nation des Serrawoollis, et de deux mahométans libres, dont l'un allait dans le Bambara; l'autre, qui était forgeron, venait d'être occupé par le docteur Laidley, et s'en retournait à Kasson, son pays natal. Un des domestiques, nommé Johnson, avait été autrefois en Angleterre, et parlait l'anglais aussi bien que le mandingue: M. Park l'avait engagé à son service moyennant quinze barres par mois, dont cinq devaient être payées à sa femme pendant son absence. L'autre domestique, nommé Demba, était esclave, il appartenait au docteur Laidley, qui lui avait promis la liberté à son retour, s'il servait fidèlement son nouveau maître pendant le voyage. Tout le bagage de M. Park se composait d'un sextant de poche, d'une boussole, d'un thermomètre, d'un parasol, de deux fusils de chasse, deux paires de pistolets et un peu de linge pour changer.

Il marcha pendant toute la première journée; le soir s'étant arrêté avec ses compagnons, pour prendre quelque repos, il s'amusa beaucoup des récits plaisans, dans le genre des contes arabes, que lui firent les Mandingues.

Le 5 décembre, ils arrivèrent à Médine, capitale du Woolli; cette ville contient environ mille maisons; elle est entourée d'une haute muraille de terre, dont l'extérieur est garni de pierres pointues, et recouvert d'une haie d'épines.

M. Park fut conduit au chef respectable qui avait si bien accueilli le major Houghton. Il le trouva assis sur une natte devant la porte de sa hutte; et lui ayant demandé la permission de traverser son territoire, le prince lui fit réponse qu'il lui donnerait un guide le jour suivant, et l'assura qu'il prierait lui-même tous les jours pour lui, si, malgré ses conseils, il persistait à continuer un voyage qu'il regardait comme très-dangereux, et qui avait été si fatal au major Houghton. Pour répondre à tant de bontés, un des gens de M. Park se mit aussitôt à chanter une chanson arabe, que le roi et tous ceux qui l'environnaient répétèrent en chœur.

Le lendemain, M. Park, ayant reçu son guide, partit de Médine et arriva le huit à Kolor, à treize degrés quarante-neuf minutes de latitude nord. Avant d'entrer dans la ville, il aperçut sur un arbre voisin le déguisement du Mumbo-Jumbo.

Après avoir traversé Tambacunda et Kooniakari, il arriva le 11 à Koojar, ville frontière du Woolli, où il retint deux chasseurs d'éléphans pour lui servir de guides dans le désert qui sépare ce royaume de celui de Bondou.

Il fut invité, le soir même, par les principaux de la ville, à venir au Bentang (*) pour y assister à une lutte. Un tambour marquait la mesure ; les combattans n'avaient pour vêtemens que des caleçons très-courts. Tout leur corps était frotté d'huile ; ils s'approchaient l'un de l'autre

(*) Place publique.

en se traînant presqu'à terre; ils se couvraient la tête avec le bras gauche, et cherchaient de la main droite à s'accrocher les genoux.

Cette espèce de lutte ressemble beaucoup à celle qui est encore en usage dans plusieurs cantons de l'Écosse et du pays de Galles; il paraît même qu'elle était connue en Syrie dans un temps très-reculé, comme on le voit par un passage de l'histoire de Jacob (*).

Le lendemain matin, un des guides, qui avait reçu d'avance une partie de ses gages, ayant disparu, M. Park craignit que les deux autres ne suivissent son exemple; pour prévenir leur fuite, il se hâta de partir, et prit la route du désert.

Ses gens, après avoir, toutefois, préparé un *sapphi* ou charme, pour conjurer le malheur, suivirent M. Park et marchèrent avec courage; ils arrivèrent bientôt auprès d'un grand arbre, chargé de vieux haillons; tout voyageur qui veut obtenir un

(*) Genesis XXXII, 24.

heureux succès, doit y suspendre un morceau de son vêtement : cette coutume, qui dans l'origine n'avait pour but que d'indiquer de loin au voyageur qu'il existe une citerne dans cet endroit, se trouve dégénérée depuis long-temps en une aveugle superstition; chacun fit son offrande, et M. Park voulut aussi, pour encourager son monde, suivre leur exemple.

Le 13, il arriva à Tallika, ville frontière du Bondou, et après avoir traversé des plaines extrêmement fertiles, il gagna Koorkarany, à treize degrés cinquante-trois minutes de latitude nord. N'ayant éprouvé, pendant toute la route, qu'un léger désagrément, occasionné par une querelle qui s'éleva entre deux de ses gens, et qu'il se vit obligé de terminer, en menaçant l'un d'eux, qui avait son poignard à la main, de lui brûler la cervelle s'il continuait à insulter ses compagnons.

A Koorkarany, le principal marabout leur fit un bon accueil; il s'entretint long-temps avec M. Park, et lui montra divers manuscrits arabes, entr'autres l'*Al-Sharra*. En quittant cette ville, ils passèrent par un pays très-bien cultivé, et arrivèrent sur les bords de la Falémé, où ils trouvèrent de vastes plaines couvertes de riches moissons.

Le mimosa y croît sur les rochers et sur les hauteurs, où l'on rencontre beaucoup de quartz et de pierres calcaires. M. Park remarqua sur sa route plusieurs puits de plus de vingt-huit brasses de profondeur, creusés avec beaucoup d'adresse et d'intelligence.

Les habitans de la Falémé sont habiles pêcheurs; ils préparent leur poisson, en l'écrasant dans un mortier, dès qu'il sort de l'eau; ils lui donnent ensuite la forme de larges pains qu'ils font sécher au soleil; lorsqu'ils veulent en manger, ils délayent cette espèce de pâte dans de l'eau bouillante, et la mêlent avec du kouskous. Ces pains, ainsi préparés, forment un article de commerce très-recherché dans les cantons maures, sur-tout dans ceux où le poisson est rare.

M. Park trouva les femmes de ce pays incommodes et même insupportables par la manière pressante et importune dont elles lui demandaient de l'ambre, des verroteries et d'autres objets de cette nature.

Le 21, ils arrivèrent à Fatteconda, capitale du Bondou; ils furent, suivant l'usage, se présenter au bentang, et un marchand les invita à venir se loger dans sa maison. M. Park fut conduit sur-le-champ auprès du roi Almammy, qui demandait à le voir, et avec qui il eut un entretien particulier: ce prince était le même qui, peu auparavant, avait fait piller le major Houghton. Il fut très-surpris de ce que M. Park ne voulait acheter ni or, ni esclaves; il lui témoigna l'envie de le revoir dans la soirée, et lui fit donner quelques provisions.

M. Park redoutait cette seconde entrevue; cependant il s'y rendit, emportant avec lui son parasol, et quelques autres objets dont il voulait faire présent à sa majesté; il avait mis son habit bleu pour mieux en imposer, se flattant même par ce moyen de le soustraire plus sûrement à la rapacité du prince.

Il fut conduit au palais, espèce de citadelle composée de plusieurs cours, dont il trouva tous les passages gardés par des sentinelles armés de mousquets; enfin il fut introduit et présenté au prince avec toute la cérémonie en usage dans le pays pour les grandes occasions. Le roi parut comprendre beaucoup mieux la valeur de ses présens que le récit de ses voyages. L'idée de parcourir des pays inconnus, pour satisfaire une simple curiosité, lui paraissait encore quelque chose de plus étonnant et de plus incompréhensible que le mécanisme du parasol qui venait de lui être offert, et qu'il ne cessait d'examiner : au moment où M. Park se disposait à se retirer, sa majesté le pria de rester encore quelques instans, et se mit en devoir de lui donner un échantillon de l'éloquence africaine, dont notre voyageur se serait fort bien passé.

Le roi, débutant par l'éloge des blancs en général, s'étendit beaucoup sur leur immense richesse et leur générosité sans bornes : son discours roula principalement sur l'habit bleu de M. Park, dont il fit un éloge pompeux ; il n'oublia pas les boutons jaunes qui le décoraient ; enfin, la péroraison, pour laquelle il avait réservé toute sa chaleur et les derniers efforts de son éloquence, ne tendait à rien moins qu'à engager M. Park à lui faire présent de son habit ; sa majesté protestait qu'elle le porterait dans toutes les grandes occasions, et qu'elle ferait connaître à tout le monde la générosité de M. Park.

Ces argumens et un motif bien plus puissant encore dont sa majesté n'avait pas parlé, le danger de l'irriter par un refus, déterminèrent, sans peine, M. Park à se rendre à son désir ; en conséquence, il défit tranquillement son habit, qu'il déposa aux pieds du roi ; il reçut à son tour cinq dragmes d'or, et son bagage fut exempt de toute visite. Le lendemain le prince l'engagea à venir voir ses femmes; s'étant rendu à cette invitation, il fut introduit dans le sérail: ces beautés africaines le raillèrent sur la blancheur de sa peau et sur la proéminence de son nez, qu'elles prétendaient être artificiel. Elles attribuaient la différence de son teint aux bains de lait qu'elles supposaient qu'on lui avait fait prendre dans son enfance; quant à la longueur de son nez, elles se persuadaient que cette monstruosité provenait de ce qu'on le lui avait pincé continuellement depuis sa naissance jusqu'à ce qu'il eût acquis cette forme extraordinaire. Cette théorie pourrait vraiment faire honneur à un de nos philosophes modernes de France, d'Allemagne ou même d'Angleterre.

M. Park, désirant répondre aux choses agréables que ces dames lui disaient sur ses traits et sur sa physionomie, crut, en homme galant, devoir faire, à son tour, l'éloge de leur peau noire et luisante; il vanta beaucoup la grâce de leur nez applati; mais elles l'interrompirent bientôt, en lui disant que, dans le Bondou, on ne faisait aucun cas de la flatterie ni des flatteurs. M. Park remarque, cependant, qu'il est probable qu'elles n'y furent pas aussi insensibles qu'elles voulaient le paraître; car, aussitôt après son départ, elles lui envoyèrent du poisson et une jatte de miel.

Le Bondou est, comme le Woolli, presqu'entièrement couvert de bois; mais le terrain y est plus élevé et en même temps plus fertile. Il est très-fréquenté par les marchands mandingues et serrawoollis, à cause de sa position entre le Sénégal et la Gambie. Les droits sur les marchandises étant excessifs, les revenus du roi sont considérables, ce qui rend son autorité absolue dans ses états, et sa puissance redoutable à tous ses voisins.

Le 23, M. Park partit de Fatteconda, au lever de la lune : à cette heure, le silence profond des bois n'était interrompu, de temps en temps, que par les hurlemens des loups et des hiènes, qu'on apercevait comme des ombres le long des taillis. Les voyageurs traversèrent le désert qui sépare le Bondou du Kajaaga, et ils arrivèrent, le 24, à Joag, ville frontière de ce royaume.

Joag est situé à deux cent quarante-sept milles à l'est de Pisania, quatorze degrés vingt-cinq minutes de latitude nord, et neuf degrés douze minutes de longitude ouest : elle contient environ deux mille habitans; elle est entourée d'une haute muraille, garnie de meurtrières; chaque maison est également environnée d'un mur particulier, et forme ce que les anciens appelaient un *islet*.

M. Park fut logé chez le juge ou *dooty*, appelé *alkaïd* sur la côte. Il fut invité à assister aux danses qui devaient avoir lieu dans la soirée; mais le jour même il arriva dans la ville un peloton de cavaliers, qui s'étant réunis le lendemain matin à d'autres troupes, entourèrent, le sabre à la main, la maison où logeait M. Park, et lui signifièrent, au nom du roi de Kajaaga, leur maître, qu'étant entré dans le pays, sans payer les droits établis, ses gens, ses chevaux et tout son bagage étaient confisqués, et ils lui déclarèrent qu'ils avaient ordre de le conduire sur-le-champ à Maana, où le roi faisait sa résidence.

Se trouvant dans l'impossibilité de résister à ces ordres, M. Park affecta la plus grande soumission; mais après avoir consulté le juge qui lui donnait l'hospitalité, et qui lui peignit, sous les couleurs le plus odieuses, l'avarice sordide du prince serrawoolli, il résolut de gagner ses envoyés, s'il était possible; et il y réussit, en faisant le sacrifice de la moitié de ses effets, et en leur abandonnant tout l'argent qu'il possédait. N'ayant plus le moyen de rien acheter, il passa, lui et ses gens, le reste du jour sans manger, n'osant pas laisser apercevoir qu'il lui restait encore quelques effets, de peur de réveiller la cupidité du roi.

Dans cette triste situation, il fut s'asseoir au bentang, livré aux réflexions les plus affligeantes, et en proie aux tourmens de la faim. Il mâchait de la paille, lorsqu'une vieille esclave s'approcha de lui, et lui dema ˈs'il avait dîné. Il ne répondit pas à cette femme, croyant qu'elle se moquait de lui; mais son domestique lui ayant fait comprendre que les gens du roi avaient volé tout l'argent de son maître, cette bonne femme mit aussitôt à terre un panier qu'elle portait sur sa tête, y prit quelques poignées de noisettes, les donna à M. Park, et partit sans lui laisser le temps de la remercier.

Demba-Sego, neveu du roi de Kasson, arriva bientôt après dans cette ville; il revenait du Kajaaga, où il avait fait de vains efforts pour concilier les différens qui s'étaient élevés entre le roi de ce pays et celui du Kasson. Demba-Sego parut indigné en apprenant l'état où se trouvait réduit M. Park; il lui témoigna combien il était touché de ses malheurs, et lui proposa de le conduire dans le royaume mandingue du Kasson. M. Park accepta et partit de Joag avec sa suite, le 27 décembre suivant; il traversa les villes de Gungadi et de Sami, arriva à Kagui, grand village, où il passa le Sénégal et entra dans le royaume de Kasson. Ce voyage n'offre rien de remarquable, si ce n'est le sacrifice des poulets blancs que fit Johnson son interprète, aux esprits des bois, que ces peuples regardent comme une race puissante d'êtres blancs, à longs cheveux flottans.

A peine M. Park avait-il mis le pied sur le territoire du Kasson que Demba-Sego exigea un présent pour le service qu'il venait de lui rendre ; une demande aussi inattendue lui donna de l'inquiétude ; il vit bien, dès-lors, qu'il n'avait rien gagné à suivre ce protecteur, et qu'en traversant le fleuve il n'avait fait qu'ajouter aux dangers de sa position ; mais, comme les plaintes et les reproches n'auraient pas été de saison, il prit le parti de donner de bonne grâce ce qu'il ne pouvait pas refuser, et continuant son voyage, il arriva le 29 à Teesée.

Teesée est une grande ville, sans murailles, défendue par une espèce de citadelle, et habitée par des Mandingues. Ses habitans ont un usage singulier, qui ne permet pas aux femmes de manger des œufs. M. Park fut obligé d'attendre dans cette ville le retour de Demba-Sego, qui était parti pour négocier quelques arrangemens avec les Maures du Gedumah, et qui, pour paraître avec plus d'éclat dans cette mission importante, avait emprunté, à titre d'amitié, le cheval et tout l'équipement de M. Park. Sur ces entrefaites, Almammy-Abdulkader, roi de Fouta-Torra, envoya à Teesée des députés chargés d'annoncer au prince Tiggiti-Sego, père de Demba, que si le peuple du Kasson n'embrassait pas sur-le-champ la religion mahométane, et ne prouvait pas sa conversion sincère, en disant régulièrement les sept prières publiques, le roi de Fouta-Torra se réunirait à celui du Kajaaga, pour lui faire la guerre et ravager son territoire.

Après une mûre délibération, les habitans du Teesée, considérant qu'il leur en coûterait beaucoup moins de dire les prières publiques que d'attendre l'arrivée des troupes de Fouta-Torra, résolurent de se soumettre aux conditions qui leur étaient imposées et qui furent regardées comme une preuve suffisante de leur conversion.

Après le retour de Demba, M. Park se détermina à partir sur-le-champ pour Kooniakary, capitale du royaume; mais avant de pouvoir quitter Teesée, il fut encore dépouillé, sous divers prétextes, par son obligeant ami, de la moitié des effets qui lui restaient.

Il quitta Teesée le 10 janvier au matin, et après avoir traversé un bras du Sénégal, il arriva, le second jour, à Jumbo, où était né le forgeron qui l'accompagnait; les frères de cet ouvrier vinrent à sa rencontre, précédés d'un chanteur; ils lui amenèrent un cheval qu'il monta, pour entrer dans sa ville natale d'une manière plus digne d'un homme *de sa sorte*. Comme ils approchaient de la ville, un grand nombre d'habitans se présentèrent au-devant d'eux en chantant et en dansant; un musicien ou une espèce de troubadour du pays, récita à la louange du forgeron, des couplets dans lesquels il vantait son courage, et exhortait ses amis à le recevoir de leur mieux. Ses parens, en le voyant, donnèrent les démonstrations de joie les plus extravagantes. Sa mère, qui était aveugle et extrêmement âgée, sortit au-devant de lui en s'appuyant sur un bâton, et le félicita de son heureux retour : ils s'embrassèrent tendrement; ils paraissaient éprouver, en se revoyant, une satisfaction inexprimable. Dans le mouvement qu'occasionnait cette scène attendrissante, chacun était si fort occupé du forgeron, qu'on n'avait pas encore fait attention à l'*étranger blanc* qui l'accompagnait. M. Park s'était assis derrière une hutte, d'où il contemplait la joie de ces bonnes gens; le Nègre se mit à raconter les détails de son voyage depuis son départ du Kasson; on l'écoutait avec la plus vive attention; mais lorsqu'après avoir parlé, à plusieurs reprises, de la bonté et de la générosité du voyageur blanc qu'il avait amené, il montra M. Park, en s'é-

criant: «Regardez-le, mes amis, le voilà qui
» est assis près de vous. » La joie qui animait les spectateurs fit place tout-à-coup aux signes du plus grand étonnement ; tous les yeux se tournèrent à la fois sur l'étranger ; on ne pouvait comprendre comment il était arrivé sans qu'on l'eût remarqué. Cependant les femmes et les enfans avaient peine à cacher leur frayeur ; il leur fallut quelque temps pour se rassurer, quoique le forgeron leur eût protesté que l'étranger était incapable de leur faire le moindre mal.

Ce Nègre était si reconnaissant de toutes les bontés que M. Park avait eues pour lui, qu'il ne voulait pas le quitter, et en effet il l'accompagna à Kouniakary, où ils se rendirent aussitôt. En passant à Soulo, M. Park s'arrêta chez Salim-Daucari, honnête marchand, sur lequel le docteur Laidley lui avait donné une lettre de change, et dont il reçut un excellent accueil ; mais au bout de quelques heures, on vit arriver des cavaliers du roi de Kasson, qui s'informèrent des motifs qui le faisaient s'arrêter à Soulo, et lui ordonnèrent de se rendre auprès de leur maître, qui désirait le voir. M. Park se remit donc en chemin pour Kouniakary, où il arriva le lendemain, au milieu d'un concours immense de peuple. Sa majesté lui donna audience en présence de toute la multitude; elle le combla de marques de bonté, et parut satisfaite du récit de son voyage.

Le roi de Kasson le prévint qu'il allait entreprendre une guerre à laquelle tous ses voisins seraient forcés de prendre part; il lui fit envisager combien cette circonstance allait accroître les dangers de son voyage; et il promit de lui donner un guide pour le conduire jusque dans le Kaarta.

M. Park aurait préféré aller dans le Fooladou; mais le roi lui observa qu'il s'était engagé, par une convention particulière, avec le roi de Kaarta, à lui envoyer tous les marchands et tous les voyageurs qui passeraient sur son territoire, et qu'en conséquence il ne pourrait, sans violer sa parole, lui accorder un guide pour une autre route.

M. Park était retourné à Soulo, en attendant le moment de son départ, qui se trouvait différé jusqu'au retour du courrier que le roi avait envoyé pour s'assurer de l'état des routes et des dispositions des peuples voisins; mais il se vit exposé dans cette ville à de nouvelles exactions : le bruit s'était répandu qu'il avait reçu de *Salim-Daucary* une grande quantité d'or, et la multitude, animée par quelques chefs malveillans, paraissait disposée à le piller : il acheta sa sûreté au moyen de quelques présens qu'il fit au roi et à plusieurs des principaux habitans.

Le royaume du Kasson est situé dans un pays uni et d'un aspect magnifique : il est beaucoup plus peuplé et beaucoup mieux cultivé qu'aucun de ceux qu'avait vus jusque-là notre voyageur. Kouniakary en est la capitale : elle est à quatorze degrés trente-quatre minutes de latitude nord, environ cinquante-neuf ou soixante milles géographiques à l'est de Joag.

En quittant Soulo, M. Park suivit les rives peuplées du Krieko, et après avoir passé par Kimo, Feesurah et Karancalla, il arriva, le 12 février, à Kemmoo, capitale du Kaarta. Pendant ce trajet, M. Park, s'étant un jour éloigné de sa suite, trouva sur son chemin deux cavaliers nègres, qui, saisis d'épouvante en le voyant, détournèrent les yeux avec horreur, et s'enfuirent au grand galop, en marmottant quelques prières. Ces Nègres rencontrèrent à peu de distance, les compagnons de M. Park, et leur racontèrent qu'ils venaient de voir un fantôme effrayant, vêtu de longues robes flottantes, et ils assurèrent qu'en passant près de lui, ils avaient ressenti une commotion extraordinaire, et un vent aussi froid que la pluie qui tombe du ciel.

M. Park fut reçu à Kemmoo avec la plus grande hospitalité par Daisy-Koorabarri, roi de Kaarta, prince respectable, qui ne s'était jamais souillé par aucun de ces actes de rapacité si ordinaires aux souverains de l'Afrique.

Les communications se trouvant interrompues entre le Kaarta et le Bambara, et le séjour de M. Park dans ce royaume devenant à la fois dangereux pour lui-même et inquiétant pour le roi, qui craignait qu'on ne lui imputât le meurtre d'un blanc, si ce malheur avait lieu, notre voyageur se détermina à se rendre dans le Bambara par le Ludamar, où le major Hougthon avait déjà péri : c'était la seule route qu'il pût prendre, quoiqu'elle présentât encore de grands dangers, et qu'elle lui fît faire un circuit considérable.

Le 13 février, il partit de Kemmoo, accompagné d'une bonne escorte, et se rendit à Funingkedy, où il eut occasion d'être témoin d'un trait d'audace qui caractérise les Maures : cinq d'entr'eux seulement, armés de fusils, enlevèrent un grand nombre de bestiaux qui appartenaient aux gens du pays, et passèrent à une portée de pistolet d'une troupe de cinq cents habitans qui s'étaient assemblés sous les murs de la ville, et qui regardaient les Maures emporter leur bien, sans oser faire le moindre effort pour les en empêcher.

Un des Nègres qui gardaient ces troupeaux, eut la jambe cassée d'un coup de feu; il expira peu de temps après entre les bras des bushréens, qui faisaient tous leurs efforts pour *lui ouvrir les portes du paradis*, en l'engageant à prononcer, avant de mourir, la profession de foi des croyans, qui est conçue en ces termes: *il n'y a qu'un Dieu, et Mahomet est son prophète*. Sa mère, désolée, ne cessait de s'écrier: *non, il ne le dira pas, car il n'a jamais dit de mensonges*. Les spectateurs accompagnaient cette scène, de gémissemens et de cris affreux; quant à M. Park, il fut regardé comme un cannibale, pour avoir proposé de faire l'amputation de la jambe à ce malheureux.

Sur la route, entre Kemmoo et Funnigkedy, M. Park remarqua des Nègres occupés à cueillir des *tomberongs*; c'est le fruit du *ramnus-lotus*. On trouve le lotus sur les bords de la Gambie et dans presque tous les états de la Nigritie; mais c'est dans le sol sablonneux du Kaarta, du Ludamar et des cantons septentrionaux du Bambara, qu'il croît en plus grande abondance. Les naturels en récoltent de petites graines farineuses, jaunes, et d'un goût délicieux; ils les font sécher au soleil, les pilent ensuite dans un mortier, et en forment des gâteaux, qui ressemblent, pour le parfum et la couleur, au pain-d'épices le plus agréable. L'eau émulsionnée par le suc des graines du lotus fait un gruau très-bienfaisant; c'est le déjeûné ordinaire de presque tous les habitans du Ludamar. Le lotus se trouve aussi à Tunis : il paraît évident que c'est cette plante qui nourrissait les Lybiens-Lotophages dont parlent Homère et Pline; le lotus, suivant ce dernier historien, suffisait souvent autrefois à la nourriture de nombreuses armées.

De Funingkedi, M. Park se rendit à Simbing, et ensuite à Jarra, grande ville située au pied d'un groupe de rochers, à quinze degrés cinq minutes de latitude nord. Il fut joint dans la route par un grand nombre de Kaartans qui fuyaient l'armée du Bambara.

Quoique toutes les guerres des Nègres se ressemblent en général, celles que font les peuples du Kaarta portent un caractère d'intérêt tout particulier, à cause des dispositions sages et généreuses du chef qui gouverne ce pays.

La guerre présente avait pris sa source dans une contestation relative à la restitution de quelques bestiaux qui avaient été enlevés par les Maures, dans le Bambara, et vendus par eux à un chef d'un village du Kaarta. Mansong, roi de Bambara, qui depuis long-temps était jaloux de la prospérité du Kaarta, saisit volontiers ce prétexte. Il envoya un exprès au roi Daisy, pour le prévenir *qu'il eût à ordonner à ses esclaves de nettoyer les maisons, et de tout préparer pour recevoir le roi de Bambara, qui se proposait de venir, avec une* armée de trois mille hommes, visiter *Kemmoo à la belle saison.* Cet insultant message était accompagné d'un présent hiéroglyphique : c'était une paire de sandales de fer. Celui qui était chargé de les présenter, en donna l'explication suivante : *jusqu'à ce que le roi de Kaarta ait usé ces souliers dans sa fuite, il ne sera pas à l'abri des flèches de l'armée du Bambara.*

Les nations sauvages suppléent, en général, à la pauvreté de leur langue par l'énergie de leurs gestes, et à la pénurie des idées, par la multiplicité des images et la vivacité des expressions. Tout le monde connaît le message hiéroglyphique de l'ambassadeur scythe, qui, sans dire un seul mot, présenta à Darius un oiseau, une grenouille, une souris et cinq flèches. Hérodote rapporte que Darius envoya dire aux Grecs d'Ionie : « Que s'ils continuaient leurs » déprédations en Asie, il les traiterait » comme *des pins ;* » c'est-à-dire qu'il les exterminerait : car le pin ne donne plus de rejetons une fois qu'il est coupé.

Le chef des sauvages narraghansets, pour exprimer l'inimitié mortelle qu'il portait aux premiers Anglais qui s'établirent dans son pays, leur envoya la peau d'un sepent-sonnette, remplie de flèches. Les Anglais lui répondirent très-intelligiblement, en lui renvoyant la même peau remplie de poudre et de boulets.

Le prince kaartan, après avoir consulté les chefs du pays, répondit au roi de Bambara par un défi à peu près semblable; il fit, en même temps, publier une proclamation par laquelle il invitait ses fidèles amis à se joindre à son armée, permettant à ceux de ses sujets qui n'avaient pas d'armes, ou qui redoutaient les dangers de la guerre, de se retirer dans les états voisins, d'où il leur serait toujours libre de revenir chez eux, s'ils observaient, pendant la guerre, une exacte neutralité; mais il leur déclarait que s'ils tentaient quelques hostilités contre leur patrie, ils auraient dès-lors *brisé la clef de leur hutte* et ne pourraient plus en ouvrir les portes.

Quoique cette proclamation fût approuvée par la plus grande partie de la nation, quelques-unes des principales tribus, entr'autres celles de Jower et de Kakarou, se retirèrent dans le Kasson et dans le Ludamar, ce qui réduisit l'armée du roi Daisy à environ quatre mille hommes effectifs.

A l'approche de Mansong, Daisy évacua Kemnoo, et se retira à Joko, puis à Gedingouma, ville très-forte, entourée d'une haute muraille de pierre, et située dans un étroit passage entre deux collines ; cette ville n'a que deux portes, dont l'une conduit au Kaarta et l'autre à Jaffnou. Lorsque Daisy voulut quitter Joko, ses fils refusèrent de le suivre dans sa fuite. «Il serait » trop déshonorant pour nous, dirent-ils, » que les chanteurs pussent annoncer » partout que Daisy et sa famille ont » abandonné Joko sans tirer un coup de fu- » sil.» En effet, ils restèrent dans cette ville avec un corps de cavalerie; mais, après plusieurs escarmouches où ils furent toujours battus, et à la suite desquelles l'un d'eux fut fait prisonnier, les autres se retirèrent à Gedingouma.

Lorsque Mansong s'aperçut que le roi Daisy ne voulait pas hasarder une bataille, il mit tout le Kaarta à feu et à sang; mais il n'était pas en état de forcer Gedingouma. Il resta deux mois entiers dans le voisinage de cette ville, sans obtenir aucun succès: obligé enfin de renoncer à cette entreprise, il marcha avec son armée contre Ali, roi de Ludamar, qui refusait de lui fournir les secours qu'il lui avait promis; il obligea les Maures à la retraite, et se rendit maître de Sego.

Dans ces entrefaites, le roi de Kasson mourut, et ses deux fils se disputèrent sa succession. Le vaincu se sauva à Gedingouma, sous la protection du roi de Kaarta dont il connaissait la loyauté. Le roi Daisy avait toujours vécu en bonne intelligence avec les deux frères, qui n'avaient pas pris part aux hostilités que leur père avait commises contre lui; il ne voulut pas se mêler de leur querelle, et refusa absolument de livrer au vainqueur celui qui s'était réfugié dans ses états. Le nouveau roi de Kasson, irrité de ce refus, joignit ses forces à celles de quelques mécontens du Kaarta, et fit une incursion dans ce pays; mais le roi Daisy prit bientôt sa revanche; il surprit trois grands villages du Kasson; fit passer au fil de l'épée tous les hommes en état de porter les armes, et tous ceux de ses propres sujets qui l'avaient trahi. Les tribus du Kaarta, qui avaient abandonné la cause de leur prince, profitèrent de son absence pour attaquer les places qui lui étaient restées fidèles; mais elles s'éloignèrent dès qu'elles apprirent qu'il revenait sur ses pas; et la saison des pluies qui survint, fit cesser entièrement la guerre.

Jarra, que l'on prononce souvent *Yarra* ou *Yarba*, est une grande ville, dont les maisons sont bâties en pierre mêlée d'argile, au lieu de mortier: la majeure partie des habitans sont nègres. M. Park y séjourna quatorze jours, chez un marchand de la Gambie, sur lequel le docteur Laidley lui avait donné une lettre de change.

M. Park attendit le retour du messager qu'il avait envoyé au prince maure *Ali*, pour lui demander la permission de passer sur son territoire. Le 26 février, le roi lui envoya un de ses esclaves, qui était chargé de le conduire à Goombo ; mais tous les gens de la suite de M. Park, à l'exception du fidèle Demba, refusèrent de l'accompagner chez les Maures.

Le voyageur remit alors à Johnson un *duplicata* de ses papiers, pour les porter à la Gambie, et laissa chez son hôte, *Daman-Jumma*, tous les effets qui ne lui étaient pas absolument utiles.

C'est dans cet endroit qu'on lui vola son sextant : cette perte l'empêcha de continuer ses observations de latitude, et de déterminer les parallèles de ses dernières stations géographiques. Il partit de Jarra, le 27 février, et, traversant un pays plein de sable, il se rendit, par Troomgomba et Quiza, à Deena, grande ville bâtie en pierre et argile : les Maures y sont plus nombreux que les Nègres.

Ces fanatiques féroces insultèrent M. Park de la manière la plus grossière ; mais, comme rien ne pouvait l'irriter, et qu'ils ne trouvaient pas de prétexte pour s'emparer de son bagage, ils se déterminèrent à le piller par la raison qu'il était chrétien ; et la prétendue protection d'Ali ne put le mettre à l'abri de leur rapacité.

De Deena jusqu'à Sampaka, les terres sont sablonneuses et couvertes d'*asclepias gigantica*. Sampaka est une grande ville qui appartenait autrefois au roi de Bambara : elle avait souvent résisté aux attaques des Maures ; mais à la fin de la dernière guerre entre les deux états, elle fut cédée au roi de Ludamar, ainsi que tout le territoire jusqu'à Goomba.

M. Park fut logé chez un Nègre qui fabriquait de la poudre à canon : ce Nègre tirait le nitre des réservoirs où l'on menait boire les bestiaux ; quant au soufre, il lui était apporté par les Maures qui fréquentent la Méditerranée. Il pilait ces ingrédiens dans un mortier de bois; mais les grains étaient inégaux, et la poudre très-inférieure en force à celle que l'on fait en Europe.

De Sampaka, M. Park se rendit à Dalli, petite ville tout près de Goomba, où il arriva le 5 mars. Il s'arrêta dans un village des environs, pour attendre quelques habitans qui devaient l'accompagner à Goomba; mais le lendemain il fut enveloppé par une troupe de Maures, à qui le roi Ali avait donné l'ordre de conduire M. Park à Benowm, parce que Fatima, sa sultane favorite, avait témoigné le désir de voir le chrétien.

Les Maures le ramenèrent à Deena, où il vit un des fils d'Ali, qui lui montra aussitôt un fusil à deux coups, et lui commanda de réparer une des platines qui était dérangée, et de teindre la monture en bleu. M. Park eut beaucoup de peine à lui persuader que tous les blancs ne savaient pas fabriquer ou raccommoder les armes. Il arriva à Benowm, le 12 mars. Cette ville présente l'aspect d'un camp immense; elle est composée de tentes irrégulièrement dispersées, avec des emplacemens particuliers pour les troupeaux de chameaux et de chèvres.

M. Park y demeura jusqu'au 30 avril; pendant ce temps, il fut exposé à toute l'insolence et à toute la brutalité des Maures. Ils l'enfermèrent dans une hutte, où l'on avait attaché près de lui un cochon sauvage que les jeunes garçons frappaient à chaque instant pour l'irriter et l'exciter à mordre. Les hommes et les femmes s'assemblaient régulièrement, à plusieurs reprises dans la journée, pour *tourmenter*, disaient-ils, *le chrétien*. M. Park eut autant à souffrir de leur curiosité que de leur insolence : ils examinaient, avec une importunité fatigante, toutes les parties de son habillement; ils cherchaient dans ses poches; regardaient avec étonnement la blancheur de sa peau, et comptaient à chaque instant ses dents et ses doigts, pour s'assurer, sans doute, s'il était fait comme eux. Depuis le lever du soleil jusqu'à la nuit, ils ne cessaient de boutonner et de déboutonner son habit, de lui faire ôter et remettre ses vêtemens. On le laissait quelquefois des journées entières sans lui apporter le moindre aliment.

Les femmes du Ludamar ne font pas exception à l'opinion que l'on a du sexe en général, sous le rapport de la curiosité. La prostitution étant autorisée chez les Maures, par l'usage, les femmes n'ont aucune idée de décence et de délicatesse; aussi, lorsque leur timidité naturelle est enhardie par le nombre, elles ne connaissent plus aucun frein, et rien ne peut les retenir dans les bornes de la modestie. Plusieurs de ces femmes étant venues voir M. Park, furent curieuses de s'assurer, par elles-mêmes, si le rite de la circoncision avait lieu chez les chrétiens. M. Park fut d'abord étrangement surpris de leur effronterie; mais ayant tourné la chose en plaisanterie, il assura une des plus jolies qu'il satisferait volontiers sa curiosité, si les autres voulaient se retirer. Elles partirent toutes ensemble d'un éclat de rire, enchantées de cette gaîté, qui contrastait si fort avec la situation du malheureux voyageur.

Pendant son séjour à Benowm, M. Park eut occasion de voir célébrer une noce maure. Il y trouva moins de gaîté, de chants et de danses que dans les mariages des Nègres : une femme bat du tambour, tandis que les autres font avec leur bouche une espèce de sifflement qui imite le cri des grenouilles; voilà toute leur musique.

Le soir de cette noce, M. Park, rentré dans sa hutte, commençait déjà à s'assoupir, lorsqu'une vieille femme vint lui dire qu'elle lui apportait un présent de la part de la mariée, et en même temps elle lui jeta à la figure le contenu d'un vase de bois qu'elle tenait à la main. M. Park s'étant aperçu que c'était la même espèce d'eau bénite dont se servent les prêtres hottentots pour arroser les nouveaux mariés, loin d'en témoigner une grande reconnaissance, paraissait au contraire fort mécontent. La vieille qui le vit bien, lui apprit, très-sérieusement, que cette bénédiction nuptiale était reçue par les jeunes garçons comme une très-grande marque d'honneur.

Au moment où Johnson allait partir de Jarra, il fut arrêté par les Maures, qui le conduisirent à Benowm; ils y transportèrent aussi tous les effets que M. Park avait laissés chez Daman Jumma, à l'exception cependant des papiers, que Johnson avait confiés à la femme de Daman, et qui étaient cachés avec précaution; mais tous les autres objets, ainsi que la montre, l'or, l'ambre et la boussole de M. Park, furent déposés dans la tente d'Ali. Le prince témoigna des craintes superstitieuses à la vue de la boussole; il voulut savoir pourquoi cette petite pièce de fer (l'aiguille aimantée) se dirigeait toujours vers le grand désert. Une explication scientifique n'aurait pas été intelligible pour lui, et en même temps une ignorance affectée eût pu exciter ses soupçons. M. Park lui répondit donc que l'aiguille indiquait le lieu où était sa mère, qui habitait un pays au-delà du grand désert, et que lorsqu'elle serait morte, cette machine devait le conduire vers sa tombe. D'après cette explication, Ali regardait la boussole avec encore plus d'étonnement; il s'amusait à la faire tourner en tous sens; mais voyant que l'aiguille revenait toujours au même point, il rendit l'instrument avec un air inquiet et comme une chose trop dangereuse pour oser la garder.

Les Maures, quoique très-indolens eux-mêmes, sont très-exigeans envers leurs esclaves; les deux domestiques nègres de M. Park furent employés à ramasser des herbes sèches pour les chevaux du roi. Quant à lui, après beaucoup de délibérations sur le genre d'occupation qu'on lui donnerait, il fut installé dans l'emploi de barbier de sa majesté; mais il s'en acquitta si mal dès la première fois, en rasant la tête du jeune prince, fils du roi, qu'il fut aussitôt destitué.

Il s'éleva de nouveau dans le conseil du roi divers avis sur le parti qu'on devait prendre à son égard. Les uns voulaient qu'on le fît mourir, d'autres qu'on lui coupât le bras droit ; mais le frère du roi ayant proposé de lui arracher les yeux, parce qu'ils ressemblaient à ceux d'un chat, tous les Bushréens applaudirent à cette mesure. Ali fit différer l'exécution de la sentence jusqu'au retour de la reine Fatima, qui faisait alors un voyage de plaisir dans le nord de ses états. En attendant, il lui fut défendu de sortir du camp. Un jour qu'il se promenait à l'ombre de quelques arbres, et à une petite distance des tentes, pour éviter les insultes dont il était continuellement assailli, il fut poursuivi par une troupe de cavaliers, qui l'obligèrent à rentrer précipitamment dans sa hutte ; l'un d'eux tira froidement sur lui deux coups de pistolet.

Les Maures trouvaient ses culottes de nankin aussi malfaites qu'indécentes. Ali lui ordonna de s'envelopper dans son manteau, lorsqu'il le fit paraître devant ses femmes. Ces dames examinèrent ses cheveux et sa peau avec une curiosité mêlée de surprise; la blancheur de son teint leur fit froncer le sourcil, et leur causa même un mouvement d'horreur.

Souvent, lorsque les Maures voulaient se donner un divertissement à ses dépens, ils le conduisaient par la ville, en forme de procession, galoppant autour de lui et le harcelant, de toutes manières, comme s'il eût été une bête féroce; ils faisaient passer leurs mousquets par-dessus leurs têtes et exécutaient en même temps, sur leurs chevaux, mille tours d'adresse et d'agilité.

Pour adoucir les peines d'une aussi dure captivité, M. Park employait son temps à apprendre les caractères arabes; il priait les Maures les plus insolens de les écrire sur le sable ou de déchiffrer ceux qu'il avait formés lui-même. Ce fut ainsi qu'en flattant leur vanité et l'idée qu'ils ont de leur supériorité, il est parvenu quelquefois à leur faire oublier le penchant qu'ils ont pour le mal.

Pendant son séjour à Benowm, M. Park

eut plusieurs conversations avec des voyageurs mahométans qui faisaient le commerce du sel ; l'un d'eux résidait à Walet et avait fait la route de Tombuctou et de Houssa. Il lui apprit que Walet, capitale du Birou, était une aussi grande ville que Tombuctou, quoique moins fréquentée par les étrangers, à cause de son éloignement du Niger, et de la nature de son commerce, qui consiste presque tout en sel.

De Walet à Benowm, il y a dix jours de marche, à travers un pays stérile, où l'on ne rencontre aucune ville remarquable. On se rend ordinairement de Walet à Tombuctou en onze jours : cette route se fait sur des bœufs. L'un de ces voyageurs cita Houssa comme la plus grande de toutes les villes qu'il connaissait. Le mahométan voyant que M. Park s'informait avec tant d'intérêt de la distance qui se trouvait entre Walet et Tombuctou, lui demanda s'il avait l'intention de s'y rendre, M. Park ayant répondu affirmativement, le mahométan lui assura qu'il ne le pourrait jamais

et il ajouta : « Je vous conseille d'y renon-
» cer, car les chrétiens sont regardés dans
» ces pays comme des enfans du diable et
» des ennemis du prophète. » Il lui dit
qu'il y avait à Tombuctou plusieurs juifs
qui parlaient l'arabe et qui priaient comme
les Maures.

L'autre voyageur était natif de Maroc,
et avait passé plusieurs mois à Gibraltar.
Il lui apprit qu'il y avait cinquante jours
de marche de Maroc à Benowm, et il lui
indiqua l'itinéraire suivant : de Maroc à
Swera, trois jours ; à Agadier, trois ; à Ji-
niken, dix ; au Wal de Non, quatre ; à
Lakeneig, cinq ; à Zeeriwin-Zeriman,
cinq ; à Tischeet, dix ; à Benowm, dix.

Le 30 avril, à l'approche de l'armée du
Bambara, sur les frontières du Ludamar,
les Maures évacuèrent Benowm et se reti-
rèrent vers le nord par le chemin de Fa-
rani ; ils campèrent dans les environs de
Bubaker, ville habitée par des Nègres.
C'est là que M. Park fut présenté à la reine
Fatima : la vue d'un chrétien parut d'abord

lui déplaire; son premier mouvement fut celui du mépris et de la haine; mais elle ne tarda pas à revenir de cette prévention, et le vit bientôt d'un moins mauvais œil; elle trouvait du plaisir à l'interroger sur le pays des chrétiens, et goûtait même beaucoup la manière dont il répondait à toutes ses questions. Elle parut vivement touchée de sa situation et promit de faire ce qui dépendrait d'elle pour la rendre meilleure. M. Park avoue que c'est à cette femme sensible qu'il doit les seules marques de bonté et d'intérêt qu'il ait reçues dans le Ludamar.

Les environs de Bubaker n'offrent qu'un amas de sable brûlé, sur lequel on voit, par intervalle, quelques arbrisseaux rabougris et quelques buissons épineux. La chaleur est à peine supportable; elle empêche la végétation et tarit toutes les sources. La nature semble prête à s'anéantir sous l'influence de ce climat dévorant.

Le silence du désert n'est interrompu que dans les lieux où l'on trouve des puits;

on entend alors le mugissement des bestiaux qui s'y rassemblent, et qui, furieux desoif, se disputent une eau souvent bourbeuse et combattent pour boire les premiers. Les plus faibles, après avoir été repoussés, sont réduits à dévorer la vase infecte et putride qui se trouve à l'entour.

M. Park souffrit beaucoup de la rareté de l'eau, malgré le supplément qu'il recevait tous les jours de Fatima. Lorsqu'il allait aux puits, aucun Maure ne voulait lui prêter son vase, de peur qu'il ne fût profané par le toucher d'un chrétien; il était obligé de boire dans les auges avec les vaches.

Cependant la saison des pluies approchait, c'est le temps auquel les Maures se retirent dans le grand désert, et M. Park ne trouvait aucune occasion pour s'échapper; dans cette circonstance, il obtint, par la protection de Fatima, la permission d'accompagner le roi à Jarra. Ce prince allait traiter avec les fugitifs du Kaarta, qui sollicitaient son assistance contre Daisy, leur prince légitime.

Au premier endroit où l'on s'arrêta, en quittant Bubaker, le fidèle Demba fut renvoyé dans le camp maure, au grand regret de M. Park, qui voulut représenter au roi, dans les termes les plus soumis et les plus pressans, qu'il ne pouvait se séparer de ce fidèle serviteur : Ali lui répondit par un sourire moqueur, et comme M. Park revenait à la charge, il lui ordonna brusquement de se taire et de monter à cheval sur-le-champ pour le suivre, ajoutant que s'il disait encore un mot à ce sujet, il le ferait conduire lui-même à Bubaker, pieds et poings liés.

Arrivé à Jarra, M. Park pria le marchand Daman-Jumma de racheter Demba; mais Ali le refusa, sous le prétexe qu'il servait d'interprète au chrétien, et qu'il pourrait le conduire dans le Bambara; mais il promit que lorsqu'il n'aurait plus rien à craindre à cet égard, il le vendrait volontiers à Daman pour le prix ordinaire d'un esclave.

Les fugitifs du Kaarta offrirent à Ali de

prendre à leur solde deux cents hommes de sa cavalerie. Le prince maure leur fit les plus grandes protestations d'amitié et consentit à leur demande, sous la condition qu'ils lui fourniraient préalablement quatre cents têtes de bestiaux, deux cents pièces de toiles bleues, et une quantité considérable de verroteries et autres ornemens de toute espèce. Les conditions furent acceptées, l'on envoya au prince Ali tous les objets convenus; cependant Daisy, instruit des dispositions qui se faisaient contre lui, s'était mis en marche à la tête de ses troupes et menaçait Jarra. Pour le prévenir, les fugitifs levèrent à la hâte un corps de huit cents hommes, avec lequel ils entrèrent dans le Kaarta le 18 de juin. Ils demandèrent, en même temps, à Ali les troupes maures auxiliaires qu'il s'était engagé à leur fournir; mais ce perfide prince leur répondit que sa cavalerie était employée ailleurs, où elle était nécessaire. L'armée des confédérés, découragée par cette réponse, se sépara le 22, sans attendre l'arrivée de Daisy, et se retira en pillant quelques-uns de ses villages; mais, le 26, l'alarme devint générale parmi les rébelles, lorsqu'ils apprirent que le roi de Kaarta marchait sur Jarra, et qu'il s'était déjà emparé de Simbing.

Les habitans se disposèrent aussitôt à évacuer la ville; les femmes passèrent la nuit à battre du blé et à mettre en paquets ce qui leur était le plus nécessaire. Le lendemain, dès le grand matin, la plupart s'éloignèrent du Bambara par le chemin de Deena, chassant devant eux leurs troupeaux, et n'emportant qu'une très-petite provision et les objets les plus indispensables. On entendait le long de la route les lamentations des femmes et des enfans; les hommes marchaient en silence; ils paraissaient consternés; ils s'arrêtaient quelquefois pour jeter un dernier regard sur la ville qui les avait vus naître, et sur les puits et les rochers auxquels s'étaient bornés jusque-là toutes leurs vues d'ambition et de bonheur.

Les sentinelles avancées vinrent bientôt après annoncer à Jarra que l'armée confédérée avait fui devant Daisy, sans tirer un coup de fusil. A cette nouvelle, les femmes et les enfans redoublèrent leurs cris, et le reste des habitans abandonna la ville. M. Park craignant d'être pris pour un Maure, dans la confusion de la victoire, monta à cheval, prit un sac de blé devant lui et rejoignit les fugitifs.

Il était depuis quelques jours à Queira, où il attendait l'arrivée de quelques Mandingues qui devaient aller dans le Bambara, lorsque le chef des esclaves d'Ali, suivi de quatre Maures, vint le prendre pour le conduire à Bubaker. Deux de ces hommes voulaient lui ôter son cheval, mais les autres jugeant bien qu'il lui serait impossible de s'échapper avec une semblable monture, dédaignèrent de prendre cette précaution. M. Park résolut de profiter de cette circonstance et de tout tenter pour se sauver; en conséquence, il fit un paquet de ses effets, qui consistaient encore en deux chemises, deux mouchoirs de poche, deux paires de culottes, une veste, un gilet, un habit, un chapeau et une paire de bottines. Dès que les Maures furent endormis, il traversa le poste des Nègres qui étaient couchés en plein air, monta son cheval avec précipitation, et s'enfuit à toutes jambes.

Il avait déjà fait quelques milles, lorsqu'il aperçut trois Maures qui le poursuivaient, en criant après lui et en le couchant en joue. M. Park perdit alors toute espérance, et se résigna à son sort avec l'indifférence du désespoir; cependant les Maures se contentèrent de lui prendre ses habits. aussitôt qu'ils furent partis, M. Park entra dans le désert, et se dirigea est-sud-est, à l'aide de sa boussole.

Le chaleur du soleil était augmentée par le reflet du sable; les vapeurs épaisses qui s'élevaient de la terre et s'accumulaient au sommet des montagnes, paraissaient de loin comme les vagues de la mer agitées par la tempête; l'air était étouffant. C'est alors que M. Park commença à éprouver les tourmens de la soif; bientôt son cheval, épuisé de fatigues, ne voulut plus avancer. Le voyageur montait de temps en temps sur les arbres les plus élevés, pour voir s'il ne découvrirait pas dans le lointain quelque village ou quelqu'habitation; mais au milieu de cet horizon monotone, il n'apercevait que quelques buissons épais et des éminences de sable.

Il fut réduit, pour humecter sa bouche, à mâcher des feuilles d'arbres; mais leur excessive amertume lui paraissait un autre supplice; son cheval les dévorait avec avidité. Enfin, dans cette situation critique, la mort lui parut inévitable, et l'envisageant déjà comme le seul terme à ses souffrances, il abandonna la bride à son cheval; mais bientôt, excédé de fatigue et de besoin, il tomba sur le sable et perdit entièrement connaissance.

En revenant de cet état d'insensibilité, il retrouva encore la bride entre ses mains, et comme le soleil était couché, et par conséquent la chaleur abattue, il se détermina à faire un nouvel effort pour continuer sa route; l'obscurité croissait, et lui laissait apercevoir quelques faibles éclairs qui lui firent espérer de la pluie; un vent frais commença à souffler autour des buissons. M. Park ouvrait déjà la bouche pour recevoir les gouttes qui allaient tomber; mais, au lieu d'eau, il se trouva couvert tout-à-coup d'une pluie de sable très-fin. Peu de temps après, cependant, le sable s'abattit, et l'eau qu'il désirait tant, tomba enfin avec abondance. M. Park étendit son linge sur le sable pour recueillir la pluie qu'il exprimait ensuite dans sa bouche; il parvint ainsi à étancher sa soif. Sa boussole, qu'il consultait à la lueur des éclairs, lui servit pour diriger sa route, et il arriva, au bout de quelques heures, à une citerne appartenant aux Maures. Il évita avec soin d'approcher de leurs tentes, et découvrit, à quelque distance, une mare d'eau bourbeuse, attiré par ce qu'il appelle la *céleste musique des grenouilles* qui y couvraient toute la surface de l'eau : cette boisson dégoûtante lui parut délicieuse.

Il fut le lendemain à Shrilla, village foulah, dépendant du Ludamar. Le dooty lui refusa les secours dont il avait le plus grand besoin; plusieurs des habitans proposèrent même de le conduire à Ali. Pour tromper leur méchanceté, M. Park prit un chemin rétrograde, comme s'il voulait retourner chez les Maures; mais avant son départ, il s'adressa à une vieille femme qui filait du coton à la porte de sa hutte; il lui fit entendre par ses signes qu'il mourait de faim : aussitôt cette femme l'invita à entrer chez elle et lui donna une boule de kouskous pour lui et du blé pour son cheval; M. Park lui offrit en retour un de ses mouchoirs de poche.

Le pays qu'il parcourait devenait plus fertile à mesure qu'il avançait. Le troisième jour, il marcha à travers des montagnes et arriva à un abreuvoir appartenant aux Foulahs; il y fut reçu avec la plus grande hospitalité.

II.

Pour s'éviter toutes les vexations qu'il avait éprouvées jusque-là; il ne marchait plus que pendant la nuit. A l'approche de quelques voyageurs, il se cachait dans un taillis, fermant avec ses deux mains les naseaux de son cheval pour l'empêcher de faire du bruit, exposé à la cruelle alternative ou d'être découvert par les hommes qui traversaient la route, ou d'être dévoré par les bêtes féroces qui se retirent dans ces buissons.

Le lendemain, 5 juillet, il arriva à Wawra, petite ville entourée de hautes murailles, et habitée par des Mandingues et des Foulahs, sujets du roi de Bambara. Il avait passé les frontières du Ludamar, et se trouvait à l'abri des persécutions d'Ali. Quoique ce prince eût toujours eu les plus grands succès dans la dernière guerre contre le Bambara, son armée n'avait jamais été au-delà de deux mille hommes de cavalerie. Ses forces militaires, comme le remarque M. Park, ne sont pas proportionnés à la population des Maures qui lui sont soumis. Les troupes du Ludamar n'ont d'autre paie que celle qu'ils se procurent par le pillage. Leurs chevaux sont excellens : les princes nègres en achètent quelquefois au prix de quatorze esclaves pièce.

L'habillement des Maures est semblable à celui des Nègres ; ils se distinguent seulement par le turban. Ce n'est pas cependant le signe le plus certain pour reconnaître les mahométans. La barbe est un ornement dont on fait le plus grand cas, c'et une marque d'extraction arabe ; les Maures trouvaient celle de M. Park beaucoup trop belle pour un chrétien : c'est la seule chose qu'ils ne purent s'empêcher d'admirer dans sa personne.

Les peines capitales sont rarement infligées dans le Ludamar, excepté sur les Nègres. Les Maures passent presque toute leur journée à converser entr'eux auprès de leurs chevaux, et c'est ordinairement pour méditer le pillage de quelque village noir.

La tente du roi sert de place publique; les habitans s'y réunissent pour parler nouvelles, et souvent pour chanter des couplets à la louange du prince.

On ne peut s'empêcher d'avouer que la force, cette qualité puissante qui élève et détruit les ouvrages des hommes, qui soutient et abolit les lois, qui fonde et renverse les empires, qui règle enfin toutes les opérations des hommes, n'ait été beaucoup plus célébrée dans tous les temps, par les poëtes, que les vertus douces et sociales, qui font le bonheur de l'humanité. Chaque nation applaudit aux qualités qui lui sont le plus utiles. Les peuples civilisés estiment les talens et les vertus; les sauvages, l'adresse du corps et l'habileté à la chasse et à la pêche : « Le *vaillant homme est mort!*
» disent les Brasiliens, en pleurant leurs
» guerriers; il est mort, le vaillant homme
» qui nous donnait tant de captifs à dévo-
» rer! Hélas! ce fameux chasseur! Hélas!
» cet adroit pêcheur! Hélas! ce vaillant
» tueur de Portugais! il est mort, hélas!

» il est mort! Nous le pleurons, et nous ne » le verrons plus, jusqu'à ce que nous allions danser avec lui, derrière les monta- » gnes! » Les bardes scandinaves chantent l'éloge de la piraterie; les huns, celui du vol; et les chanteurs maures vantent la dextérité à piller les Nègres.

Les dépenses du roi de Ludamar sont défrayées par des taxes que lui paient ses sujets nègres : l'habillement et l'équipage du roi sont plus riches que ceux des autres Maures; pour tout le reste, il existe fort peu de distinction entre le roi et les sujets. Sa majesté repose sur la même natte et mange du même kouskous, avec le conducteur de ses chameaux. Parmi les femmes maures, un excessif embonpoint est ce qui caractérise une beauté parfaite : une belle africaine doit faire la charge d'un chameau, et être incapable de marcher sans le secours d'une esclave qui la soutienne sous chaque bras. Pour procurer à leurs filles cet embonpoint dont on fait tant de cas, les mères les engraissent artificiellement, en les contraignant, le bâton à la main, à manger, tous les jours, une très-grande quantité de lait et de kouskous.

De Wawra, M. Park alla à Dinggees, où il fut reçu avec toutes sortes d'égards par un Foulah, qui, à son départ, le pria de lui donner une mèche de ses cheveux pour en faire un *sapphi*, s'imaginant qu'un *sapphi* formé des cheveux d'un blanc, lui donnerait, de science infuse, toutes les connaissances que possédait ce blanc. M. Park acquiesça au désir de s'instruire qu'avait ce bon Foulah, il lui donna un sapphi et continua sa route jusqu'à Wassiboo, petite ville, à quatorze degrés quarante-neuf minutes de latitude nord.

Le blé est généralement cultivé dans ce pays, et l'on n'y éprouve jamais de disette. Les hommes et les femmes labourent ensemble : leurs instrumens sont supérieurs à ceux des Nègres de la Gambie ; mais les fréquentes incursions des Maures les forcent à porter leurs armes quand ils travaillent dans les champs.

De Wassiboo, M. Park fut, par Satila et Galloo, en suivant quelques fugitifs du Kaarta, jusqu'à Moorja, grande ville où il se fait un commerce considérable de sel, que les Maures apportent pour échanger contre du blé et de la toile de coton. Les habitans sont mahométans et très-hospitaliers : on remarque qu'il n'est pas permis aux kafirs de boire de la bière ni d'aucune autre liqueur forte.

En avançant par Dattiboo et Fanimboo, deux villages assez considérables, le pays lui parut encore plus fertile et les sites plus pittoresques; il s'arrêta à Doo-tinkeaboo.

En approchant de Ségo, il trouva les routes plus fréquentées, et en même temps le peuple moins hospitalier; mais il observa, pour la première fois depuis son séjour en Afrique, que les femmes étaient admises dans la société.

Les Bambarans prenaient M. Park pour un pauvre Maure; ils se moquaient de son air misérable et de la mauvaise mine de son cheval : ils supposaient qu'il revenait d'un pélerinage à la Mecque.

Le 21 juillet, il arriva à Ségo. Ce fut à son entrée dans cette ville qu'il goûta la satisfaction inexprimable d'admirer le cours majestueux du Niger, qu'il cherchait depuis si long-temps. Ce fleuve brillait en ce moment de tous les feux du soleil levant. Il est aussi large à Ségo que la Tamise à Westminster; il est bien encaissé, et coule lentement de l'ouest à l'est. M. Park se hâta de goûter de son eau, et après en avoir bu, il éleva les mains au ciel, pour le remercier d'avoir couronné son entreprise d'un succès aussi heureux.

Ségo, capitale du Bambara, est située à quatorze degrés dix minutes de latitude nord, et deux degrés seize minutes de longitude ouest, à six cent dix-huit milles de Médine, capitale du Woolli. Elle contient environ trente mille habitans : elle est divisée en quatre villes distinctes, dont deux sont situées sur la rive septentrionale, et deux sur la rive méridionale du Niger; elles sont entourées de hautes murailles de terre; les maisons ont une forme carrée, avec des toits en terrasse; elles sont bâties en argile; quelques-unes ont deux étages; la plupart sont peintes en blanc: les rues sont étroites et irrégulières; on voit des mosquées maures dans chaque quartier.

M. Park arriva dans cette ville un jour de marché : la foule était si grande sur le rivage, qu'il fut plus de deux heures à traverser cette place; au même instant, le roi Mansing fut informé de son arrivée. Les Maures et les marchands qui résidaient à Ségo, réussirent à le rendre suspect au roi, qui lui envoya dire, par un de ses officiers, de ne pas traverser la rivière jusqu'à ce qu'il eût déclaré l'objet de son voyage. Cet homme lui indiqua un village voisin où il pourrait loger, et lui promit de le venir voir le lendemain matin.

Les canots que M. Park vit sur la rivière étaient fort grands; mais ils n'avaient ni ponts ni mâts; ils étaient formés de deux grands arbres creusés et joints ensemble dans toute leur longueur : cette construction les rend beaucoup trop longs, et en même temps beaucoup trop étroits.

La langue du Bambara est une espèce de mandingue corrompu : il fut très-facile à M. Park de la comprendre et même de la parler.

En arrivant au village qui venait de lui être indiqué, il fut assez mal accueilli ; les habitans le regardaient avec crainte et avec mépris ; personne ne voulait lui donner à manger ni le recevoir dans sa maison. M. Park ôta la bride et la selle de son cheval et le laissa aller librement sur le gazon ; pour lui, il fut s'asseoir tristement sous un arbre ; le vent était très-fort, et déjà la pluie tombait à verse. Une femme qui revenait des champs eut pitié de sa situation ; elle s'approcha de lui et lui fit quelques questions. Il lui raconta succinctement son aventure et lui exposa le besoin qu'il avait de repos et d'alimens ; cette femme prit aussitôt la bride et la selle de son cheval, et d'un air compatissant, lui dit de la suivre; elle le conduisit dans sa hutte, alluma sur-le-champ une lampe, lui donna à manger du poisson pilé, et lui apporta une natte pour se reposer. Elle se mit ensuite à filer du coton avec plusieurs jeunes filles qui lui obéissaient; pendant ce travail, qui dura une partie de la nuit, elles s'amusèrent à chanter ; une d'entr'elles improvisa quelques couplets sur un air doux et mélancolique. Cette chanson était ainsi conçue :

« Le vent soufflait, la pluie tombait, le pauvre homme » blanc, mourant de faim et de fatigue, est venu s'asseoir » sous un arbre; il n'a pas de mère pour lui préparer du » millet; il n'a pas de femme pour lui moudre son blé. « (*chorus*) Ayons pitié du pauvre homme blanc qui n'a pas » de mère, etc. »

M. Park fut vivement touché des attentions de ces femmes sensibles pour un étranger malheureux et abandonné de tout le monde. Il offrit à sa bienfaisante hôtesse quatre boutons de cuivre qui restaient encore à sa veste ; c'était la seule marque de reconnaissance qu'il fût en son pouvoir de lui donner.

Le lendemain matin un homme vint lui demander, de la part du roi, s'il apportait quelque présent : M. Park ayant répondu que les Maures l'avaient entièrement pillé, cet officier s'en retourna, et bientôt après un second messager vint lui signifier l'ordre de s'éloigner de Ségo ; il lui remit, en même temps, cinq milles cowries, que Mansing, charmé de pouvoir secourir un blanc, lui envoyait pour acheter des provisions dans sa route.

M. Park estime deux cent cinquante cowries la valeur d'un scheling, et tel est le rapport de ce numéraire avec les denrées du pays, qu'un homme et son cheval peuvent subsister pendant vingt-quatre heures pour cent cowries.

Ce messager avait ordre en même temps de mener M. Park à Sansanding, si l'intention du voyageur était de se rendre à Jenné. M. Park apprit de son guide que le roi de Bambara ne l'avait pas fait venir auprès de lui, par la crainte de ne pouvoir le soustraire à la violence et à la méchanceté des Maures ; et qu'il lui prouvait sa bienveillance de la seule manière qui fût en son pouvoir. Il est vrai que l'équipage dans lequel M. Park était arrivé à Ségo, avait bien pu le rendre suspect aux habitans, et le faire prendre pour un vagabond ou un fugitif. Lorsqu'il raconta aux Bambarans qu'il n'était venu de si loin, et qu'il n'avait couru tant de dangers que pour voir la rivière de Joliba, les habitans lui demandèrent s'il n'y avait pas de rivières dans son pays, et si elles ne se ressemblaient pas dans toutes les parties du monde ; le guide de M. Park lui vanta l'hospitalité des Bambarans ; il lui assura que la ville de Jenné était entièrement sous la puissance des Maures, et ne dépendait plus du roi du Bambara.

M. Park était trop avancé dans son entreprise, pour revenir sur ses pas et se contenter de rapports vagues et incertains. Il résolut de se rendre lui-même sur les lieux:

en conséquence, il quitta Ségo le 25 et passant par Kabba, il arriva le lendemain à Sansanding.

L'étendue de la ville de Ségo, son immense population, les nombreux canots qui couvrent la rivière, la culture des terres, l'aspect riant de cette belle contrée, la civilisation, tout enfin dans cette ville transportait le voyageur; il se croyait plutôt au centre de l'Angleterre, qu'au milieu de l'Afrique.

A cette époque, les habitans étaient occupés à recueillir les fruits de l'arbre à beurre. Ce beurre végétal, lorsqu'il est préparé, forme une de leurs principales branches de commerce dans l'intérieur du pays.

L'arbre à beurre ressemble au chêne de l'Amérique; il est indigène du Bambara. Le beurre est renfermé dans des espèces d'amandes qui ressemblent aux olives d'Espagne; il est enveloppé d'une pulpe très-fine, recouverte d'une légère écorce verte; on le fait dessécher au soleil, et ensuite bouillir dans de l'eau. Ce beurre est beaucoup plus blanc, plus ferme et plus savoureux que celui fait avec le lait.

Sansanding contient environ dix mille habitans. Il s'y tient une foire considérable pour le commerce des Maures. Les Nègres prirent M. Park pour un mahométan; mais les Maures l'eurent bientôt reconnu; ils l'accostèrent avec leur arrogance ordinaire, et en le sommant de réciter les prières du prophète. C'est ainsi qu'ils en usent avec les juifs pour lesquels ils ont encore plus de mépris que pour les chrétiens, malgré une infinité de traits de ressemblance tant dans les mœurs que dans le costume, qui les rapprochent des mahométans. M. Park déclara à ceux qui le pressaient le plus vivement, qu'il ne savait point parler arabe; aussitôt un shérif de Tuatt, dans le grand désert, s'avança et jura par le prophète que si le voyageur refusait d'aller à la mosquée, il aiderait à l'y porter de force. Le dooty, chez qui M. Park fut conduit par son guide, interposa son autorité, en déclarant que cet étranger était sous la protection du roi, et qu'il défendait à qui que ce soit de lui faire la moindre insulte.

Au soleil couchant, on le logea dans une hutte très-propre qui lui fut destinée; mais en un instant la cour qui entourait cette hutte, se trouva remplie de Maures: ils grimpaient sur les murs, pour lui voir réciter les prières du soir et manger des œufs. M. Park leur assura qu'il n'avait aucune raison pour ne pas manger d'œufs; et qu'il en ferait très-bien son souper, si on voulait lui en procurer. Son hôte lui en ayant apporté plusieurs, ils furent très-surpris de ce qu'il ne les mangeait pas crus, imaginant que les Européens ne se nourrissaient pas autrement; mais lorsque son hôte s'aperçut qu'un blanc mangeait tout comme lui de plusieurs sortes d'alimens, il lui présenta un plat d'excellent mouton.

Les Maures se retirèrent enfin après le souper de M. Park; et son hôte, se trouvant seul avec lui, profita de ce moment pour le prier de lui écrire un sapphi; car, disait-il, *si le sapphi d'un Maure est bon, celui d'un blanc doit être encore meilleur.* M. Park le satisfit, en traçant de son mieux une prière sur une petite tablette.

Le 25 juillet, il quitta Sansanding, et se rendit, par Sibili, Nyara et Nyamée, à Modibou. Entre Nyamée et Modibou, il observa que son guide examinait avec précaution les taillis près desquels ils passaient; il lui en demanda la raison. L'Africain lui apprit que, ces bois étant infestés par les lions, il fallait être continuellement sur ses gardes pour les éviter. En effet, comme ils suivaient un chemin bordé et coupé par des taillis, son guide se retourna tout-à-coup vers lui, en s'écriant: *voilà un grand lion!* Le cheval de M. Park étant très-fatigué en ce moment, allait fort lentement, et n'aurait pas été d'un grand secours pour sortir d'embarras. Cependant M. Park ne voyait rien encore, et commençait à croire que l'alarme de son guide n'avait aucun fondement, lorsqu'il aperçut enfin, à trente pas, un énorme lion rouge, couché tout de son long, la tête entre ses pattes; M. Park dégagea aussitôt ses pieds de l'étrier, pour pouvoir s'élancer à terre au besoin. Ses yeux demeurèrent long-temps fixés sur cet animal monstrueux pour observer ses mouvemens; mais le lion resta tranquillement dans la même position, et ne parut pas faire attention aux voyageurs.

Lorsque M. Park eut quitté Modiboo, son cheval s'abattit dans un chemin très-rude et très-bourbeux, d'où il ne put jamais le relever; il se vit forcé de l'abandonner, avec le triste présage de succomber bientôt lui-même dans cette route accablé de fatigue ou d'y périr de faim. Arrivé à Kéa, petit village de pêcheurs, il voulut se mettre sous la protection du dooty, qui lui dit froidement, qu'il ne voulait pas écouter ses belles paroles, ni le recevoir dans sa maison. De Kéa, il se fit conduire jusqu'à Moorzan, ville située sur la rive septentrionale du fleuve; de-là, il traversa le Niger et se rendit à Silla, grande ville située à quatorze degrés quarante-huit minutes de latitude nord, et un degré vingt-quatre minutes de longitude ouest, à environ mille quatre-vingt-dix milles anglais à l'est du Cap-Vert, et dans le même parallèle.

Exténué de besoins, à moitié nu, et n'ayant plus aucun objet de la moindre valeur pour se procurer des vivres, des habits ou un logement ; cruellement tourmenté d'ailleurs par le fanatisme intolérant des Maures, dont l'arrogance croissait à mesure qu'il avançait dans l'intérieur; arrêté sans cesse par les pluies terribles des tropiques, qui, à cette époque, avaient déjà inondé les marais et les rizières, M. Park se vit enfin dans la cruelle nécessité de renoncer à son entreprise; tant d'obstacles réunis ne lui permettaient pas d'aller plus loin: il ne pouvait se dissimuler, au milieu de tant de dangers, qu'il courait à une mort certaine, sur-tout s'il continuait à pied un voyage aussi long à travers des régions inconnues et inhospitalières; il résolut donc de retourner à la Gambie, pour ne pas perdre entièrement le fruit de ses découvertes. Il s'était approché jusqu'à deux cents milles de Tombuctou, qui avait été long-temps l'objet des recherches infructueuses des Portugais, des Français et des Anglais; il s'était assuré de la direction du Niger, et avait suivi son cours dans un espace de soixante-dix milles vers l'est. En effectuant son retour, il s'occupa soigneusement à recueillir tout ce que les Maures et les marchands nègres, qui avaient voyagé dans cette partie, pouvaient savoir sur le cours éloigné du Joliba, et sur les royaumes qui l'avoisinent.

Il apprit que Jenné était une ville très-étendue, beaucoup plus peuplée que Ségo et qu'aucune autre ville du Bambara : elle est située dans une petite île sur le Niger, à deux journées de Silla. A trente milles plus loin que Jenné, le fleuve se jette dans un lac considérable nommé, *Dibbie* : les canots qui traversent ce lac, de l'ouest à l'est, perdent la terre de vue pendant une journée entière. En sortant du lac, la rivière se divise en un grand nombre de ruisseaux, qui se réunissent plus loin en deux branches principales; ces deux bras renferment l'île de Ginbala ou Guinbala, qui a environ cent milles de long.

Guinbala est habitée par des Nègres; sa population est considérable, et l'affluence des étrangers y est très-grande : ce pays étant très-fréquenté par les voyageurs qui se rendent de l'est à Tombuctou, il s'y fait un commerce très-étendu. La nature du territoire, entrecoupé de mille petites rivières, qui présentent à chaque pas des barrières naturelles, rend les habitans capables de résister à toute la puissance des Maures.

La terre est extrêmement fertile. Les deux grandes branches du Niger, qui entourent Guinbala, se réunissent à Kabra, qui est le port de Tombuctou; il est à une journée au sud de cette ville.

Le royaume nomade de Massina commence à une petite distance de Silla, sur la rive septentrionale du Niger; il est habité par des Foulahs, qui sont tributaires du Bambara.

Le royaume de Tombuctou est situé au nord-est de Massina : la ville capitale de cet empire est le principal siége du commerce des Maures en Afrique; le gouvernement est dans leurs mains, et ils sont là plus insolens encore que dans les autres contrées.

Un Nègre, digne de foi, raconta un jour à M. Park, que la première fois qu'il fut à Tombuctou, s'étant présenté dans une auberge publique pour y loger, son hôte le conduisit dans sa hutte, où il étendit d'abord une natte sur le plancher, et après lui avoir mis une corde autour du cou, il lui adressa ces paroles : « Si vous êtes maho-
» métan, vous êtes mon ami, asséyez-vous;
» mais si vous êtes un kafir, vous êtes mon
» esclave, et avec cette corde je vous con-
» duirai au marché. »

Le roi actuel de Tombuctou se nomme *Abu-Abrahima*; sa cour est splendide et magnifique; il possède d'immenses richesses : les dépenses du gouvernement sont défrayées par une taxe sur les marchandises. Houssa, capitale de ce puissant royaume, est située à l'est; c'est aussi une des premières places du commerce des Maures. La ville est plus grande et plus peuplée que Tombuctou, et lui ressemble absolument par sa police et son commerce. Le Niger passe au sud de Houssa, à deux journées de distance de cette ville; plus loin, son cours est inconnu, et les voyageurs, qui viennent de l'est à Tombuctou et à Houssa, disent seulement, en termes généraux, qu'il coule *vers le soleil levant jusqu'aux extrémités du monde.*

A Jenné, on commence à parler un langage tout à fait différent de celui du Bambara : les Nègres l'appellent *jenné-kummo* et *kalam-soudan* ; mais les marchands qui viennent de l'est parlent diverses langues qui sont totalement inconnues. M. Park vit à Silla des flèches et des carquois très-artistement travaillés; ces ouvrages venaient de Cassina.

Au sud de Guinbala se trouve le Gotto, état nègre très-étendu, dont la capitale se nomme Moussée; il est gouverné par un chef qui eut l'adresse de réunir dans une confédération générale contre le Bambara différens petits états qui composaient alors le pays. S'étant fait nommer général de ces forces combinées, il arma une flottille de canots sur le lac *Dibbie*, prit Jenné d'assaut, et força le roi de Bambara à demander la paix, qu'il lui accorda sous la condition de payer un tribut annuel d'esclaves. Le vainqueur, de retour à Gotto, donna son nom à la capitale et se fit proclamer roi du pays.

A l'ouest de Gotto est situé le Bedou, pays tributaire du Bambara; après le Bedou, se trouve Maniana, dont les habitans passent pour de féroces cannibales qui ne font jamais de quartier à leurs ennemis; les peuples du Bambara sont souvent en guerre avec eux.

La rive méridionale du Niger se trouvant impraticable à cause des inondations et des débordemens, M. Park fut obligé de revenir de Silla par la même route qu'il avait prise en allant. Comme il ne lui fut pas toujours possible de se procurer un guide, il se vit souvent réduit à traverser à gué des criques profondes et des marais considérables. Il retrouva son cheval à Modiboo; mais son voyage n'en fut pas plus heureux; il fut traité partout avec beaucoup plus de dureté qu'en venant à Silla. Il apprit à Sansanding que les soupçons sur l'objet de son voyage s'étaient tellement accrus, qu'on le regardait généralement comme un espion, et que le roi de Bambara avait déjà dépêché un canot à Jenné pour le ramener à Ségo. Cet avis aurait presque déterminé M. Park à traverser le Niger, et à tenter de gagner la côte par le Kong ou Conjah, qui n'était qu'à dix journées de marche vers le sud; mais en considérant les dangers auxquels il allait de nouveau être exposé au milieu de nations barbares, dont le langage et les mœurs lui seraient également inconnus, il prit le parti de continuer sa route vers l'ouest, le long du Niger, et de reconnaître son cours navigable dans cette direction.

Il quitta le voisinage de Ségo, le 13 août, et traversa, sans s'arrêter, un pays populeux et fertile, marchant presque toujours par des chemins que la vase et la boue rendaient impraticables, et passant souvent à la nage des criques considérables, la bride de son cheval entre les dents et ses papiers dans la coiffe de son chapeau.

Pris quelquefois pour un Maure, soupçonné, maltraité ou repoussé partout, il ne vivait, comme son cheval, que d'un peu de blé qu'il broyait entre ses dents, à moins que le hasard ne lui fît rencontrer un Nègre superstitieux qui voulût bien acheter un sapphi d'un homme blanc pour un plat de riz ou de lait.

Après deux jours de marche, depuis son départ de Ségo, il se trouva à Saï, ville considérable, dont les murs sont environnés de deux tranchées profondes à six cents pieds de distance l'une de l'autre, et flanqués de tours carrées, qui ont de loin l'apparence de fortifications régulières. Les habitans lui apprirent que, quinze ans auparavant, le dooty de Saï, qui avait eu déjà deux fils tués dans la guerre de Maniana, ayant refusé d'obéir à l'ordre du roi, qui lui enjoignait d'envoyer à l'armée du Bambara le dernier enfant qui lui restait, se vit assiégé dans Saï, lorsque le roi revint de son expédition de Maniana. Les habitans, quoique réduits à toutes les horreurs de la famine, et n'ayant plus d'autre nourriture que l'écorce et les feuilles des arbres de leur place publique, refusèrent courageusement de se rendre. Le roi cependant les avait fait prévenir, par une proclamation, que s'ils ouvraient les portes, il ne ferait de mal à personne, et qu'il ne punirait que le dooty.

Le dooty résolut aussitôt de se sacrifier pour toute la ville; il se rendit donc au camp des Bambarans, où il fut mis à mort, et son fils massacré après lui ; tous les habitans furent emmenés et vendus comme captifs.

Au village de Song, on refusa d'ouvrir les portes à M. Park, en l'obligeant à passer la nuit dans la plaine qui se trouvait infestée de lions; il se mit à ramasser de l'herbe pour son cheval, et se coucha ensuite sous un arbre, près de la porte; mais il fut bientôt réveillé par les rugissemens d'un lion qui passa si près de lui, qu'il entendit son pas au milieu des herbes; dans cette circonstance effrayante, il n'avait plus d'autre parti à prendre que de monter sur l'arbre, il se hâta de le faire; mais heureusement le lion continua sa route sans se détourner. Les habitans avaient d'abord pris M. Park pour un Maure, et ne voulaient pas le recevoir avant minuit; mais ils lui ouvrirent les portes lorsqu'ils se furent convaincus de leur erreur; « car » vous ne nous avez pas maudits, lui di- » rent-ils, et jamais un Maure n'a attendu » à la porte d'une ville, sans en maudire les » habitans. »

Le lendemain, il se mettait en devoir de traverser à la nage la rivière Frina; ses habits étaient déjà attachés sur sa selle, et il était dans l'eau jusqu'au cou, tirant après lui son cheval par la bride, lorsqu'un Nègre qui se trouvait là, lui cria de toutes ses forces de sortir bien vite de l'eau, sans quoi les alligators allaient le dévorer lui et son cheval. A peine était-il sorti de la rivière, que le Nègre, qui n'avait jamais vu d'Européen, étonné de la blancheur de sa peau, crut voir le diable, et laissa échapper ces mots, à voix basse : *Dieu me préserve! Qu'est-ce que je vois?* Mais craignant en même temps que M. Park n'entendît le bambaran, et ne lui fît un mauvais parti, il courut à lui fort obligeamment, l'aida, quoiqu'en tremblant, à traverser la rivière dans un endroit guéable, et le conduisit ensuite à Taffara, où les habitans parlent le pur mandingue.

De Taffara, M. Park passa par Jaba, Somino et le village de Sooha, où le dooty, à qui il s'adressa directement, refusa de lui donner, et même de lui vendre quelques alimens; puis, appelant à l'instant un de ses esclaves, lui ordonna tranquillement de creuser une fosse, et se mit aussitôt à marmotter entre ses dents quelques phrases décousues, comme : *Bon à rien, véritable peste...* Quand la fosse se trouva à peu près faite, M. Park, qui était resté quelque temps immobile, soupçonnant que c'était à lui qu'on la destinait, monta à cheval avec vivacité, et s'enfuit au plus vîte, laissant derrière lui l'esclave qui faisait d'inutiles efforts pour dissiper ses craintes, en lui montrant le corps d'un enfant qu'il allait enterrer.

Il se rendit successivement à Koolikorro, Maraboo et Bamakoo; c'est à ce dernier endroit que le Niger commence à être navigable, environ cinquante milles au-dessous de Kamaliah dans le Mandigue, et à dix jours de marche de Ségo. M. Park apprit à Bamakoo que la seule route praticable qu'il pût prendre, traversait le Manding, en passant par Sibidooloo, où un jillikea, ou chanteur, se chargea de le conduire.

Après avoir fait deux milles à travers un pays montueux, son compagnon, le chanteur, s'aperçut qu'il s'était trompé de route. Grimpant de rochers en rochers, avec la rapidité de l'éclair, il laissa M. Park admirer son agilité et chercher lui-même à retrouver son chemin; ce ne fut pas sans peine qu'il découvrit la route : il traversa un pays élevé, dont le sol absolument stérile, était couvert de rochers composés de mines de fer, de schiste et de quartz blanc; il aperçut, au sud-est, les montagnes de Kong, situées dans un empire considérable, qu'on dit beaucoup plus puissant que le Bambara.

Le soir, il arriva au village intéressant de Kooma, appartenant à un marchand mandingue, qui lui fit l'accueil le plus hospitalier. Il se vit bientôt environné d'un cercle de villageois curieux, qui, n'ayant jamais connu les brigandages de la guerre, ne laissaient voir dans leur maintien que les marques de leur douceur naturelle et de leur simplicité patriarchale. Le lendemain, en se rendant à Sibidooloo, il fut rencontré et dépouillé par une bande de Foulahs vagabonds, qui lui enlevèrent presque tout ce qu'il avait. M. Park les avait d'abord pris pour des chasseurs d'éléphans; mais il fut bientôt détrompé : il les supplia vivement de lui laisser sa boussole; il n'en put obtenir qu'une chemise et la plus mauvaise de ses culottes. Les voleurs lui avaient pris aussi son chapeau ; mais ils le lui rendirent, dès qu'ils s'aperçurent qu'il y avait des papiers renfermés dans la coiffe.

Entièrement volé, à demi-nu, et abandonné sans secours dans ce désert, au milieu de la saison des pluies, à plus de cinq cents milles de tout établissement européen, M. Park se sentit découragé, et ne vit plus d'autre ressource pour lui que de s'arrêter et d'attendre une mort qui lui paraissait désormais inévitable. Dans cette situation désespérée, c'est aux consolations de la religion seulement qu'il dut le retour de son courage. Au moment où son esprit était en proie aux inquiétudes les plus cruelles, où sa mémoire ne lui rappelait sa patrie et ses amis, que pour accroître encore ses souffrances par les tourmens d'un regret inutile, le spectacle d'une petite mousse en fructification parvint à fixer son attention d'une manière irrésistible; quoique la plante, dans tout son ensemble, ne fût pas plus grosse que le bout du doigt, il observait avec admiration la conformation délicate de ses racines, de ses feuilles et de sa capsule; et pénétré de confiance et de respect pour la Providence, qui avait mis tant de soins dans la structure et dans la conservation d'une aussi petite plante, il se releva plein d'un nouvel espoir, et, continuant sa route à travers le désert, il gagna un village, d'où il prit le chemin de Sibidooloo, et il arriva vers le soir même dans cette place.

Sibidooloo, ville frontière du Manding, est située dans une vallée fertile, environnée de rochers escarpés, qui ne sont pas accessibles aux chevaux : sa position l'a toujours mise à l'abri du pillage dans les guerres qui ont eu lieu entre le Bambara, les Foulahs et les Mandingues.

M. Park s'adressa, en arrivant, au dooty, (*mansa* en langue mandingue), à qui il exposa ce qui venait de lui arriver. Le dooty prit un vif intérêt à ses malheurs, lui promit de lui faire rendre son cheval et ses effets, et le traita de son mieux; mais les vivres étaient si rares dans cette ville, que M. Park résolut de ne pas abuser de l'hospitalité de ce respectable vieillard; il continua sa route jusqu'à Wonda, petite ville avec une mosquée, et entourée d'une haute muraille.

Dans un des villages qu'il traversa, on lui fit manger d'un mets particulier, composé de fleurs de maïs cuites dans du lait et de l'eau. Il fut obligé de s'arrêter neuf jours à Wonda, à cause d'une fièvre cruelle dont il se trouva attaqué à la suite de tant de peines physiques et morales, et par l'effet des variations successives de chaud, de froid et d'humidité auxquelles il avait été exposé presque sans vêtemens. Son hôte ne tarda pas à s'apercevoir que le voyageur était dangereusement malade, et ne put dissimuler son inquiétude; M. Park l'entendit plusieurs fois, disant à sa femme: « Voilà un étranger qui va nous causer » beaucoup d'embarras et de dépenses; car, » pour notre honneur, nous serons forcés » de le garder jusqu'à ce qu'il soit mort ou » entièrement rétabli. »

Le 6 septembre, son cheval et tous ses effets lui furent renvoyés de Sibidooloo, par les soins du mansa. Comme la route ne permettait plus de voyager à cheval, avant de partir, il fit présent du sien à son hôte, et le pria de faire parvenir sa selle et sa bride au mansa de Sibidooloo, comme un témoignage de sa reconnaissance. Son hôte lui donna, à son tour, une lance et un sac de peau pour serrer ses effets.

Ce pays, en général, est si pauvre qu'on y voit souvent des mères vendre un de leurs enfans pour avoir de quoi faire exister le reste de leur famille.

De Wonda, M. Park se rendit aux villages de Ballanti et de Nemacoo, où il ne put rien se procurer, car les habitans eux-mêmes mouraient de faim. Comme il pleuvait très-fort le lendemain, il resta dans sa hutte, où il reçut la visite d'un marchand nègre, nommé Modi Lemina Taura, qui lui apporta des provisions, et le conduisit ensuite dans sa propre maison à Kynietoo, où il l'invita à rester quelques jours pour se reposer. En quittant cet endroit, M. Park passa par Dosita et arriva à Mansia, ville considérable où l'on ramasse beaucoup de poudre d'or. Le mansa de cette place lui envoya un peu de blé pour son souper, et lui fit demander quelque présent en retour; M. Park lui ayant répondu qu'il n'avait rien en sa possession qui fût digne de lui être offert, le mansa lui fit dire: « que tout blanc qu'il était, » sa peau ne le sauverait pas du châtiment » qu'il méritait, s'il disait un mensonge. »

Le lendemain, le voyageur arriva à Kamaliah, petite ville située au milieu de plusieurs montagnes de rochers, où l'or se trouve en abondance. La ville, proprement dite, est habitée par les Kafirs; les Bushréens ont leurs huttes à une très-petite distance du centre de la ville; elles sont rangées autour de leur *missoura* ou mosquée, qui n'est autre chose qu'un espace carré, assez proprement uni, et entouré de troncs d'arbres.

Au milieu d'un pays désolé par la famine, M. Park, malade et épuisé de fatigues, ayant encore à traverser le fleuve rapide du Kokoro et les déserts affreux du Jallonkadoo, croyait déjà entrevoir le lieu où il devait périr, lorsque tout-à-coup, et au moment où il s'y attendait le moins, il se vit arraché à la détresse la plus cruelle par les soins et la bonté généreuse d'un Nègre bienfaisant. Conduit chez un Bushréen, nommé Karfa Taura, qui rassemblait une caravane d'esclaves pour se rendre à la Gambie aussitôt après la saison des pluies, il trouva son hôte lisant un livre arabe à quelques marchands qui s'étaient réunis pour l'écouter; ces marchands avaient déjà vu des Européens sur la côte; mais à son teint basané, ils prirent M. Park pour un Arabe; la pâleur que la maladie avait répandue sur ses joues, sa longue barbe, ses habits déchirés, l'état de misère extrême dans lequel il se trouvait, venaient encore confirmer leurs conjectures. Karfa lui demanda s'il entendait l'arabe: sur la réponse négative du voyageur, il fit apporter un petit livre, qu'il disait lui être venu de l'occident, et le présenta à M. Park, qui fut fort étonné de trouver entre les mains d'un Nègre *le Livre des prières ordinaires du chrétien*. Lorsque Karfa s'aperçut qu'il connaissait et qu'il lisait ce livre, il ne douta plus que M. Park ne fût un blanc; il lui témoigna toutes sortes d'égards et lui promit de lui donner tous les secours qui seraient en son pouvoir; il lui communiqua le projet qu'il avait formé de se rendre à la Gambie aussitôt que les rivières seraient rentrées dans leurs lits et devenues guéables. Il lui conseilla d'attendre le départ de sa caravane pour l'accompagner, et il le prévint qu'il lui serait de toute impossibilité de traverser seul les déserts de Jallonkadoo, puisque les naturels eux-mêmes osent à peine le faire. M. Park lui répondit qu'ayant dépensé ou perdu tout ce qu'il avait, il ne lui restait plus d'autre alternative que de mourir de faim en demeurant dans cette place, ou de continuer sa route en demandant sa subsistance de ville en ville ; mais ce bon nègre l'assura que s'il pouvait se contenter de la nourriture du pays, il se chargeait de le garder jusqu'à la fin des pluies et de le conduire ensuite à la Gambie, où il le paierait à son arrivée comme il le pourrait et comme il le jugerait convenable. M. Park offrit de lui payer à la fin du voyage la valeur d'un esclave du premier choix ; Karfa accepta cette proposition, lui prépara aussitôt une hutte, et en dépit de toutes les insinuations malignes des autres marchands, à qui cet étranger portait ombrage, il continua à le traiter avec la plus grande hospitalité.

Mais rien ne pouvait arrêter les progrès

de la fièvre dont M. Park était attaqué; elle était devenue à la fin si violente qu'il se vit obligé de rester couché près de cinq semaines, sans pouvoir sortir de sa hutte; il était tellement affaibli qu'il lui aurait été impossible de se tenir debout.

Au commencement de décembre, un marchand serrawoolli, venant de Ségo, arriva dans cette ville avec une troupe d'esclaves; l'un de ces malheureux s'étant approché de M. Park, lui demanda quelque chose à manger; celui-ci lui ayant répondu qu'il était étranger, et qu'il n'avait rien, l'esclave reprit aussitôt : *Ne me reconnaissez-vous pas, moi, qui vous ai donné à manger lorsque vous aviez faim; avez-vous oublié l'homme qui vous apporta du lait à Karankalla?* Puis il ajouta avec un profond soupir : *Mes jambes alors n'étaient pas chargées de fer.* M. Park reconnut en effet un de ses amis du Kaarta, qui venait d'être fait prisonnier par l'armée du Bambara; il lui donna des noix qu'il avait reçues de Karfa.

Le 19 décembre, Karfa fut acheter des esclaves à Kancaba, grande ville située sur le Niger, où il se fait un grand commerce en or et en esclaves. Pendant son absence, il confia son étranger aux soins du maître d'école, bushréen honnête, doux par caractère, et tolérant par principes; cet homme avait en sa possession plusieurs livres et manuscrits, qu'il lisait sans cesse avec une application infatigable. Les écoliers recevaient ses leçons le matin et le soir, et le reste du jour ils étaient occupés au service de leur maître, comme des esclaves domestiques.

Ce sont principalement les enfans des payens qui fréquentent ces écoles; animés du désir de s'instruire, ils étudient avec ardeur les préceptes du *Coran*: c'est ainsi que se propagent parmi eux les principes de la doctrine de Mahomet; cette espèce de prosélytisme n'a jamais été tenté par les chrétiens, si ce n'est à Sierra-Leone.

M. Park croit qu'une courte instruction sur le christianisme, élégamment imprimée en arabe, et répandue avec profusion parmi les Nègres qui lisent cette langue. produirait bientôt des effets étonnans sur leurs mœurs, en leur faisant goûter la doctrine douce et charitable du christianisme : ce petit ouvrage, sous le rapport de l'élégance typographique et du bon marché, serait extrêmement recherché par les Nègres, et obtiendrait bientôt le premier rang parmi les livres classiques de ces Africains.

Le 24 janvier, Karfa revint de Kancaba, et, comme tous les marchands ainsi que les esclaves qui devaient composer la caravane, se trouvaient réunis à Kamaliah et dans ses environs, plusieurs jours furent successivement fixés pour le départ; mais ils furent toujours changés par des incidens divers; enfin, on se détermina unanimement à rester dans le Manding jusqu'après le jeûne du ramadan. Ces Nègres n'exigèrent pas, comme les Maures du Ludamar, que l'étranger observât strictement cette cérémonie religieuse; mais, par égard pour ses hôtes, et par respect pour leurs usages, M. Park s'astreignit lui-même, volontairement, à jeûner trois jours de suite : il n'en fallut pas davantage pour le mettre à l'abri de tout reproche, et ne pas le faire regarder comme un infidèle.

Pendant son séjour dans le Manding, M. Park eut occasion de recueillir des notions exactes sur les mœurs des habitans et sur la nature et les productions du sol, quoique la crainte de faire naître les soupçons des naturels, l'ait souvent empêché de faire des recherches approfondies.

La propriété du sol, dans le Manding, semble être entre les mains des mansas ou premiers magistrats ; comme administrateurs des intérêts publics, ils assignent à chaque individu autant de terrain qu'il en peut cultiver, sans nuire aux intérêts des autres.

Comme le pays est extrêmement fertile, on brûle tous les ans dans le Manding, ainsi que dans tout le pays des noirs, ces longues herbes, dites de *Guinée*, qu'on ramasse avec soin dans le Ludamar, pour en faire une espèce de foin. Ces incendies présentent un spectacle à la fois magnifique et effrayant : pendant la nuit, on voit les plaines et les montagnes sillonnées, de distance en distance, par de longues lignes de feu; la réflexion de la lumière fait paraître alors le ciel tout enflammé. Dans le jour, on voit encore, par intervalle, des colonnes mobiles d'une fumée extrêmement épaisse, qui s'élèvent jusqu'aux cieux; les oiseaux de proie planent au-dessus des flammes, pour fondre sur les reptiles qui cherchent à échapper à l'incendie. La majesté de ce tableau ne peut être égalée que par l'embrasement d'une forêt indienne : les Indous assurent que ces événemens sont assez fréquens; ils sont occasionnés par le frottement de joncs flexibles, qui sont violemment agités par le vent.

L'or du Manding ne se tire pas des veines de la terre; mais, comme celui du Bambouk, il est épars, en petits grains d'un métal très-pur, entre les couches de sable ou d'argile. Ce sont les femmes principalement qui sont chargées de le ramasser : le mansa de chaque canton fixe le jour pour cette opération, et tous ceux qui doivent y concourir ne manquent pas de se réunir à l'époque indiquée. En général, un individu peut ramasser aisément, pendant la belle saison, autant d'or qu'il en faut pour le prix de deux esclaves.

L'or est abondant dans toutes les parties du Manding et du Jallonkadoo, et surtout dans le canton montagneux de *Boori* ou *Bowriah*, qui est à quatre jours de marche, au sud-ouest de Kamaliah.

Cet or s'emploie en partie dans le commerce, et en partie en ouvrages d'ornemens et en bijoux pour les femmes. La mesure des échanges se nomme *minkalli*; elle représente une quantité d'or égale à la valeur de dix livres.

Les éléphans sont très-nombreux dans le Bambara, le Kaarta, le Jallonkadoo et dans tous les cantons couverts de forêts : on leur donne souvent la chasse; mais on n'en a jamais apprivoisé. Les Nègres ne peuvent pas comprendre qu'on construise des navires, et qu'on entreprenne des voyages longs et périlleux, pour se procurer de l'ivoire qui ne sert qu'à faire des manches de couteaux, tandis que le bois qu'on trouve partout serait aussi bon pour cet usage : aussi se persuadent-ils qu'on l'emploie à quelqu'objet beaucoup plus important, qu'on veut leur laisser ignorer.

Le système de l'esclavage domestique est en usage dans ce pays comme sur la côte; un homme libre peut perdre sa liberté à la guerre; il peut l'engager dans un moment de famine, lorsqu'il n'a plus d'autre ressource; ou bien, il en est dépouillé pour cause d'insolvabilité, ou pour crime de meurtre, d'adultère et de sorcellerie.

Le 19 avril, jour fixé pour le départ, la caravane, composée de soixante-treize personnes, tant libres qu'esclaves, après diverses prières et cérémonies superstitieuses, quitta Kamaliah, et s'avança par Bala et Maraboo, jusqu'à Worumbang, petit village sur la frontière du Manding. Le lendemain, la caravane traversa le Kokoro : on nomme ainsi une des branches du Sénégal, et elle arriva à Kinytakooro, dans le Jallonkadoo. En entrant dans cette ville, on se forma en ordre de procession; six chanteurs, qui faisaient partie de la caravane, ouvraient la marche ; les hommes libres venaient après ; ils étaient suivis par les esclaves attachés quatre par quatre avec des cordes, et conduits par des hommes armés. Après eux marchaient les esclaves domestiques, suivis des femmes libres et des femmes des *slatis* ou marchands. A deux cents pas de la porte, les chanteurs commencèrent un hymne dans lequel ils célébraient l'hospitalité des habitans envers les étrangers et leur affection particulière pour les Mandingues. Lorsqu'ils furent arrivés au *bentang*, les habitans s'y rassemblèrent pour entendre le récit de leur voyage, que les chanteurs se mirent à raconter, en rétrogradant depuis l'instant de leur arrivée jusqu'à celui de leur départ de Kamaliah. Ce récit terminé, on s'empressa de pourvoir au logement et à la nourriture des arrivans ; chacun des naturels invita individuellement un des voyageurs à venir chez lui.

Le 25, la caravane entra dans le désert de Jallonka ; ce pays est couvert d'antiques et épaisses forêts, coupées en tous sens par des montagnes et des vallons qui présentent des sites majestueux et pittoresques. En traversant cette solitude affreuse, on ne rencontre aucune habitation humaine. Pendant plus de cinq jours de marche forcée, les voyageurs eurent à souffrir dans ce trajet tous les genres de fatigues. Les traîneurs et les plus faibles retrouvaient cependant des forces par la crainte d'être abandonnés derrière les autres dans ces forêts où ils n'auraient pas manqué de périr de faim ou d'être dévorés par les bêtes féroces dont ils entendaient les rugissemens autour d'eux pendant les nuits.

Le second jour, une captive, épuisée de fatigues, refusa de manger et resta en arrière; on lui ôta sa charge pour la soulager; mais bientôt après elle fut mise dans un état épouvantable par un essaim d'abeilles que la caravane venait de troubler, et qui se jeta principalement sur cette malheureuse. Comme elle souffrait horriblement, elle déclara qu'elle aimait mieux mourir que de faire un pas de plus; mais les coups de fouet qu'on lui donna la firent encore marcher pendant quelques heures; à la fin, ne pouvant plus se soutenir, elle se laissa tomber tout à fait, et rien ne put la faire relever; cependant les slatis ne voulant pas l'abandonner, la firent porter le reste de la journée sur un brancard de bambou. Le lendemain tous ses membres étaient si enflés et si douloureux qu'elle ne pouvait faire le moindre mouvement. On la chargea, comme un cadavre inanimé, sur le dos d'un âne; mais l'animal opiniâtre ne voulut jamais se soumettre à porter ce fardeau qu'il trouvait incommode; il la jeta par terre, ce qui lui fit encore de cruelles contusions. Comme il était impossible de la porter à travers ces forêts, on proposa de lui couper la tête; mais Karfa et le maître d'école de Kamaliah s'opposèrent à cette barbarie, et on se contenta de l'abandonner au milieu du chemin.

Le 27, la caravane arriva à Sooseeta, petit village du Jallonka, dont les habitans sont inhospitaliers. Le lendemain, ils allèrent à Manna, ville peu considérable et sans murailles; les habitans étaient alors occupés à ramasser le fruit du Nitta (*), dont la cosse est longue et étroite, et contient quelques grains noirs enveloppés dans une poudre fine, d'un jaune brillant, semblable à la fleur de soufre, c'est un mucilagineux très-agréable. Cette poudre, accommodée avec des graines de bambou, a le goût du riz. On assure que les habitans du canton de Kullo, dans le Jallonkadoo, situé sur le Bafing ou Rivière Noire, bras principal du Sénégal, se sont nourris de ce fruit pendant

(*) Cet arbre est peu élevé, et sa feuille ressemble assez à celle du laurier.

une année de famine, jusqu'à l'époque de la nouvelle moisson.

Les Jallonkas, ainsi que les Mandingues, sont gouvernés par de petits princes indépendans les uns des autres, et entre lesquels il existe presque toujours quelques germes d'animosité, de jalousie et de division ; leur pays est vaste et couvert de montagnes ; leur langage diffère du mandingue, quoique plusieurs de leurs mots aient beaucoup d'affinité avec ceux de cette langue. Leurs *nombres*, comme ceux des Feloops, des Jaloffs, des Foulahs et de plusieurs autres nations africaines, conservent les caractères primitifs de l'arithmétique digitale : presque tous les peuples sauvages comptent par les cinq doigts de la main. Leurs unités ne vont que jusqu'à cinq, après quoi ils recommencent cinq-un, cinq-deux, etc.

La caravane traversa le Bafing près de Manna, sur un pont de bambou attaché à deux grands arbres, dont les extrémités étaient liées ensemble, et dont le milieu flottait sur le fleuve, tandis que de l'autre côté ils tenaient encore au rocher par leurs racines. Tous les ans la crue des eaux emporte ce pont; mais les habitans de Manna ne manquent jamais de le reconstruire, et ils exigent de chaque voyageur qui passe une petite rétribution pour cet objet.

Les marchands craignant une attaque de la part des Jallonkas, qui avaient manifesté le projet de piller la caravane, se hâtèrent de quitter la route ordinaire, et traversant un pays affreux et plein de rochers, ils arrivèrent, sans événemens, à Malacotta dans le Woradou; cette ville était la patrie du maître d'école : cet honnête bushréen, voulant témoigner sa reconnaissance au bon Karfa qui l'avait si bien reçu à Kamaliah, le pria d'accepter l'hospitalité chez lui pendant quelques jours.

Malacotta est une grande ville, sans murailles, dont les maisons sont construites en bambous et recouvertes de terre. Les habitans travaillent fort bien le fer, et fabriquent d'excellent savon, par un procédé tout particulier : ils font bouillir, pour cela, des noix du pays dans une certaine quantité d'eau, à laquelle ils ajoutent une forte lessive de bonnes cendres.

Pendant le séjour de la caravane à Malacotta, on apprit que le roi de Fouta-Torra avait entrepris une guerre religieuse contre le Damel des Jaloffs ; cette expédition faisait alors le sujet de tous les chants des poëtes du pays. Ce prince zélé, enflammé du désir ardent de sauver de la damnation éternelle les âmes de ses voisins, avait envoyé au Damel un ambassadeur accompagné de deux bushréens, qui portaient chacun un large cimeterre au bout d'une pique, et qui expliquèrent ainsi cet emblême et l'objet de leur mission : « Avec
» ce cimeterre, Abdulkader consent à
» raser lui-même la tête du Damel, si le
» Damel embrasse la religion mahométane.
» Avec cet autre cimeterre, Abdulkader
» tranchera la tête du Damel, si le damel
» refuse. Qu'il choisisse ? » Le Damel répondit froidement à l'ambassadeur :

« Que n'étant pas plus disposé à se faire
» raser, qu'à se laisser couper la tête, il
» n'avait aucun choix à faire. » Sur cette
réponse, le roi de Fouta-Torra, à la tête
d'une puissante armée, **entra aussitôt** dans
le pays des Jaloffs.

Tout plia d'abord devant lui : à mesure
qu'il avançait, les habitans abandonnaient
les villes, emportant avec eux leurs effets,
et se retiraient dans les montagnes, après
avoir comblé les puits, détruit tous les
magasins et brûlé tous les objets de subsistance; mais, revenus bientôt de leur première terreur, ils résolurent d'attaquer à
leur tour leur ennemi, et le surprirent dans
son camp au milieu de la nuit. La déroute
des mahométans fut complète; une partie
fut écrasée sous les pieds des chevaux des
Jaloffs; le plus grand nombre fut passé au
fil de l'épée, et le reste fait prisonnier.
Parmi ces derniers se trouvait Abdulkader lui-même. Lorsqu'il fut amené devant
le Damel, loin de paraître abattu par le
malheur, il conserva toute sa fierté; il sem-

blait braver son vainqueur. Le Damel, sans s'irriter de son audace, se contenta de lui parler ainsi : «Abdulkader, réponds-moi :
» Si le sort des armes m'avait mis dans la
» situation où tu te trouves, et que tu
» fusses à ma place, comment me traite-
» rais-tu? — Je plongerais ma lance dans
» ton cœur, répondit Abdulkader; et je
» sais que c'est-là le sort qui m'attend.
» —Non, répliqua le Damel; si mon ci-
» meterre est teint du sang de tes sujets,
» que j'ai tués dans le fort du combat, je
» ne le souillerai point par une lâcheté en
» le baignant dans le tien, à présent que
» tu es vaincu et désarmé; ta mort ne re-
» bâtirait pas mes villes que tu as détruites,
» et ne rendrait pas à la vie les milliers
» d'hommes que tu as fait périr. Je suis ton
» vainqueur, je ne te tuerai donc pas de
» sang froid; mais tu resteras mon prison-
» nier, jusqu'à ce que je sois assuré que ta
» présence dans tes états ne soit plus dan-
» gereuse pour tes voisins, et alors je verrai
» ce que j'aurai à faire. » Le roi de Fouta-

Torra resta ainsi prisonnier, et fut employé aux travaux publics, comme les autres esclaves, pendant environ trois mois, après lesquels le Damel le rétablit dans ses états.

Le Fouta-Torra est un pays fertile, très-peuplé et d'une étendue considérable : il est situé entre les Jaloffs, les Foulahs du Siratick, le Kajaaga, le Bondou et le Woolli; le gouvernement est entre les mains des Foulahs. Ce pays était la patrie du fameux Job Ben Salomon : ce Nègre, dont le sort avait intéressé toutes les âmes sensibles en Angleterre, tenait à une des premières familles du Fouta-Torra, et avait été pris par les Mandingues, dans une expédition à la Gambie, en 1751. Il fut vendu à un marchand américain, et conduit au Mariland. Ayant trouvé le moyen de s'échapper de chez son maître, il se sauva en Pensilvanie, où il fut repris presqu'aussitôt; mais ses malheurs ayant touché quelques hommes généreux, il ne tarda pas à être racheté; on lui rendit la liberté, et on le conduisit en Angleterre. Il y obtint la protection de plusieurs personnes de distinction, telles que sir Hans Sloane, le duc de Montaguë et le comte de Pembrock ; la famille royale daigna elle-même lui donner des marques de sa bienfaisance. Enfin, après avoir été comblé de présens considérables, il fut rétabli dans son pays, en 1734.

A son arrivée, il apprit que son père, un des premiers marabouts du pays, était mort depuis long-temps, et il trouva une de ses femmes, celle qu'il avait le plus chérie, remariée à un autre époux ; Job parut vivement sensible à ces deux événemens et particulièrement à la perte de son père ; mais il déclara qu'il ne pouvait blâmer ni sa femme, ni son nouveau mari, puisqu'ils savaient qu'il avait été transporté dans une terre d'où aucun Foulah ne revenait jamais.

Job Ben Salomon avait un génie pénétrant, une intelligence exquise et une mémoire étonnante. Il comprenait facilement l'explication de toute espèce de mécanisme, et saisissait sans peine la manière de se servir de tous les outils ou instrumens qu'on lui montrait; il savait par cœur tout le *Coran*, et pendant son séjour en Angleterre, il en fit trois copies de mémoire. Sir Hans Sloane lui fit traduire divers manuscrits arabes et quelques inscriptions de médailles; il connaissait parfaitement bien toute l'histoire des Juifs. Il disait, en parlant de la religion chrétienne : « Jésus-» Christ a été un très-grand prophète; il » aurait fait beaucoup plus de bien dans » ce monde, s'il n'avait pas été assassiné » par les méchans de Juifs, qui sont cau-» ses par cet attentat que Dieu s'est vu » obligé d'envoyer Mahomet après Jésus, » pour confirmer et perfectionner sa doc-» trine sur la terre. »

Il était fort scandalisé de ce qu'un peintre osait tenter de représenter le Dieu tout-puissant, qu'aucun mortel n'avait jamais pu voir; et il ne prononçait jamais le nom de *Allah*, sans un respect profond, et un accent de vénération tout particulier. Il n'était ni intolérant ni superstitieux; mais il remplissait avec exactitude tous les devoirs de sa religion. Pendant le séjour qu'il fit au château de Montagüe, les domestiques trouvaient qu'il salissait trop les escaliers, parce qu'il rentrait trop souvent pour faire sa prière. Il disait que dans le Fouta-Torra, les femmes ne paraissent sans voile devant leurs maris que trois ans après leur mariage. La cérémonie nuptiale ressemble chez eux à un enlèvement; le futur et ses compagnons enlèvent l'épouse au clair de lune, en poussant de grands cris, tandis que les amis de la mariée font semblant de vouloir l'arracher des mains de son ravisseur.

En général, les préliminaires du mariage, chez presque tous les peuples qui ne sont pas civilisés, ont quelque ressemblance avec les violences qu'exercent, dans de pareilles occasions, les sauvages de la Nouvelle-Hollande; mais chez ceux-ci, les violences n'ont rien d'allégorique, elles sont réelles et positives; c'est le droit naturel du plus fort.

Il paraît, d'après tous les détails fournis par ce Nègre, que le royaume de Fouta-Torra était autrefois plus considérable qu'il ne l'est à présent, et qu'il comprenait alors le Bondou.

Suivant lui, ses compatriotes sont de hardis chasseurs d'éléphant; il racontait plusieurs traits curieux de la sagacité de cet animal. Un de ses parens avait vu un éléphant saisir avec sa trompe un lion, le transporter auprès d'un arbre, fendre cet arbre avec ses défenses, mettre ensuite la tête du lion entre les éclats du bois, et le laisser mourir dans cette situation. Il assurait lui-même avoir vu un de ces terribles animaux envelopper un lion de sa trompe, le porter ainsi dans un étang, et le tenir sous l'eau, jusqu'à ce qu'il fût entièrement noyé.

Le 7 mai, M. Park partit de Malacotta avec la caravane, et après avoir traversé le Konkadoo (*pays des montagnes*), qui abonde en or, et le Satadoo qui se trouve presque totalement dépeuplé par les incursions des Foulahs de Foota-Jallo, il arriva le 15 à Baniserile, capitale du Dentila.

Pendant ce trajet rapide, M. Park n'a pu recueillir que fort peu de renseignemens sur l'état politique de ces contrées; leur sol n'est pas aussi élevé que celui du Manding, du Jallonkadoo, du Fooladoo, du Gadon et du Kasson, où se trouvent les plus hautes montagnes de l'Afrique occidentale. Le terrain s'abaisse rapidement vers l'est, mais il descend plus graduellement du côté de l'occident: cette partie forme un triangle qui s'étend à environ trois cent trente milles vers le sud, entre le *Bambara* et le *Neola*, et qui se resserrant dans l'espace occupé par le Kasson, n'a plus que soixante à soixante-dix milles entre le Kajaaga et le Kaarta.

Le Satadou, le Dentila, le Bambouk et le Konkadoo que Labat appelle *Macanna*, et qu'il indique à la place du Combregoudou, sont situés sur un terrain beaucoup plus bas que le Manding, et qui s'étend par une pente insensible, jusqu'à Kirwanny, où le sol commence à s'abaisser rapidement jusqu'à la côte; les Nègres nomment le territoire de Kirwanny, *la Terre du soleil couchant.*

A Dindikoo, dans le Konkadoo, M. Park vit un Albinos ou Nègre blanc; son teint était cadavéreux; sa peau, ainsi que ses cheveux étaient d'un blanc terreux et dégoûtant: les Nègres regardaient son état comme l'effet d'une maladie particulière.

De Baniserile, la caravane se rendit à Kirwanny, grande ville située dans une vallée. Les habitans sont actifs et industrieux, et leur agriculture est beaucoup plus perfectionnée que celle de leurs voisins.

Les voyageurs traversèrent ensuite le désert de Tenda, pays raboteux et couvert de bois; ils arrivèrent le deuxième jour à Tombaconda, ville entourée de murailles, après laquelle on ne trouve plus vers l'ouest aucun arbre à beurre.

Cette ville paraît être la même que le

Tombaconda de Jobson. Un des marchands de la caravane y avait une femme; mais à son arrivée, il la trouva mariée à un autre qui refusa de la lui rendre, en soutenant qu'elle avait eu le droit de se remarier, en vertu d'une loi du pays, qui accorde cette faculté à toute femme, dont le mari reste absent pendant plus de trois ans, sans lui donner aucune nouvelle de son existence. On tint un palaver à cette occasion, et il y fut arrêté que la femme choisirait celui des deux maris qu'elle préférerait.

Les voyageurs partirent de Tombaconda le 26; passèrent par Tenda, et traversèrent le Nerico; c'était la sixième rivière que M. Park avait vu se jeter dans la Gambie; le Nerico court dans la direction du nord-est.

L'arrivée de la cavarane dans le pays de l'ouest, ou la *Terre du soleil couchant*, fut célébrée par les chanteurs avec beaucoup de pompe et de cérémonie. Enfin, ils se trouvèrent bientôt à Seesukunda, dans le Woolli; les esclaves avaient ramassé sur la route une grande quantité de fruits du Nitta; mais on ne leur permit pas de les apporter dans le village; parce que les habitans croyaient qu'ils seraient menacés d'une grande calamité, s'ils se nourrissaient de ce fruit. Le 4 juin, la caravane passa à Médine, et le jour suivant à Jindey, où M. Park avait laissé le docteur Laydley, dix-huit mois auparavant.

Karfa fit rester ses esclaves dans cette ville; et après leur avoir loué des huttes et une pièce de terre qu'ils devaient cultiver pour leur subsistance, il se rendit à Pisania avec un des Foulahs de la caravane. M. Park ne put quitter, sans une émotion de sensibilité, ces infortunés, condamnés à l'esclavage dans une terre étrangère; il se rappelait combien de fois ils s'étaient empressés à soulager ses souffrances, tandis qu'ils en avaient eux-mêmes de beaucoup plus cruelles à supporter. Souvent et de leur propre mouvement, ils lui avaient apporté de l'eau pour étancher sa soif, dans le désert, ils lui avaient formé un lit de feuillage pour qu'il pût mieux se délasser des fatigues du jour.

Il fut reçu à Pisania par le docteur Laidley, comme un homme qui revient des portes de la mort; car tous les marchands de la Gambie avaient assuré qu'il avait été assassiné par les Maures du Ludamar.

Le docteur Laidley se chargea de satisfaire à tous les engagemens qu'il avait pu contracter depuis son départ de la Gambie; il promit à Karfa de l'aider à se défaire de ses captifs de la manière la plus avantageuse. Ce respectable Nègre parut pénétré de reconnaissance, lorsqu'il apprit qu'il recevrait des marchandises pour le double de la somme que M. Park lui avait promise; celui-ci envoya également un présent convenable au maître d'école à Malacotta.

La supériorité des Européens dans les manufactures et dans les arts excitait, plus que toute autre chose, l'admiration et l'étonnement de Karfa; il examinait avec attention tous les meubles de la maison du docteur, ainsi que les mâts, les voiles, les agrès, et la construction d'un shoouer de traite, qui se trouvait dans la rivière; il s'écriait à chaque instant, avec un soupir involontaire, « Les noirs ne sont rien! »

Lorsque M. Park eut repris ses habits anglais, il se faisait un plaisir de le contempler; il pouvait à peine se persuader que ce fût la même personne. Mais il parut fâché qu'il eût fait couper sa barbe. « Vous » paraissiez un homme, lui disait-il, et à » présent vous avez l'air d'un enfant. »

Le 17 juin, M. Park s'embarqua sur un navire américain qui faisait la traite; et se rendit à Gorée, où il fut retenu jusqu'au commencement d'octobre. Le chirurgien du vaisseau étant mort de la fièvre, M. Park le remplaça, et fit à bord les fonctions de médecin pendant tout le reste du voyage.

La plupart des Nègres qui étaient sur ce bâtiment, avaient entendu parler de M. Park dans l'intérieur de l'Afrique, quelques-uns même l'avaient vu.

Après une traversée de trente-cinq jours, on aborda à Antigoa, où M. Park s'embarqua sur le paquebot *le Chesterfield*; et arriva le 22 décembre à Falmouth.

Ainsi se termina le voyage de M. Park; c'est sans contredit le plus important qui ait jamais été exécuté par aucun Européen dans la Nigritie. Quoiqu'il ne lui ait pas été possible d'aller jusqu'à Tombuctou et Houssa, il a cependant déterminé avec exactitude une infinité de positions géographiques sur une ligne directe de plus de onze cents milles, à partir du Cap-Verd; il a fixé les limites qui séparent les Maures des Nègres de l'intérieur; il a indiqué les sources, jusque-là inconnues, de trois grands fleuves de l'Afrique, le Sénégal, la Gambie et le Niger. Il nous a fait connaître le système de prosélytisme dont se servent les Maures pour propager la religion mahométane parmi les Nègres; et il a expliqué, avec beaucoup de clarté, l'histoire des anciens Lotophages. Il a rétabli sur la carte le cours du Niger, tel qu'il existe réellement; et les lumières qu'il a acquises sur la géographie de cette partie du monde, rendent enfin intelligibles toutes les descriptions des anciens sur l'intérieur de l'Afrique, notions qui se trouvaient naguère enveloppées dans une obscurité impénétrable.

Hérodote donnait une direction vers l'est au fleuve de l'Afrique, qui coule au sud du désert; il le supposait un des bras du Nil égyptien, et le représentait traversant l'Afrique, dans le même sens que le Danube partage l'Europe. Il ajoute que les Africains de la Méditerranée, qui ont fait des découvertes, ont été jusqu'à une grande ville habitée par des Nègres sur les bords de ce fleuve.

Pline assigne un cours oriental au Niger, qu'il nomme *rivière des Noirs* ou *des Ethiopiens*. Ptolemée, qui distingue bien ce fleuve de la Gambie et du Sénégal, marque son cours de l'ouest à l'est, sur la moitié de la largeur de l'Afrique, entre l'Océan atlantique et le Nil.

EN AFRIQUE. 197

Dans le douzième siècle, Edrisis, qui avait supposé le continent de l'Afrique de mille milles plus étroit qu'il ne se trouve réellement, savait qu'à l'ouest de la Nubie toutes les eaux se déchargent vers l'occident; que dans le même parallèle, le grand fleuve du Sénégal se jette dans l'Océan atlantique, et qu'enfin une rivière considérable coule, en ligne droite, entre ces deux points. Il en avait conclu que ces trois branches ne formaient qu'un même fleuve, et il avait assigné au Niger, qu'on nomme aussi *Julbee* ou *Joliba*, un cours de l'est à l'ouest. Edrisis fut imité par Abulfeda, qui appelle ce fleuve le *Nil de Gana*.

Cette erreur, qui remonte au douzième siècle, s'est perpétuée jusqu'à présent, par l'insouciance des marchands qui ont fréquenté le voisinage de ce fleuve, sans jamais songer à s'approcher de ses bords pour en observer le cours.

Les Maures nomment le Niger, *Neel-Abecd* (la rivière des esclaves), et *Neel-Kibbeer* (le grand fleuve). Les Nègres le désignent par le mot de *Joliba*, qui signifie aussi grand fleuve; mais son nom propre est *Guin* ou *Jin* : il est possible cependant que ce dernier mot lui-même ne signifie autre chose que *rivière*, de même que le nom de *Ji* ou *Gee* que les Mandingues donnent à la Gambie.

Marmol rapporte que la rivière de Tombuctou est nommée *Iza* par les Tombuctans, *Maye* par les Tukorons ou Tukorols, et *Zimbale* par une autre nation plus à l'est.

Pendant que M. Park était à Kamaliah, on lui assura que le Niger prenait sa source à cent huit milles vers le sud, près de *Sankary* (le Songo de Danville), à environ quatre-vingt milles à l'est des sources de la Gambie dans le Foota-Jallo.

Nous ne pouvons terminer ce chapitre, principalement consacré à la relation de M. Park, sans parler de la sagacité et de la prudence qu'il a déployées dans l'exécution de son entreprise; de l'intrépidité avec laquelle il a bravé les dangers les plus effrayans, et de la persévérance qu'il a mise à surmonter tous les obstacles qui l'ont environné. Il a dû beaucoup regretter de ne pas savoir l'arabe; car nous ne doutons pas que la connaissance de cette langue, en lui conciliant la confiance et l'estime des Africains, ne lui eût évité toutes les persécutions qu'il a éprouvées, et n'eût applani en même temps une grande partie des obstacles qui se sont opposés au succès de son entreprise : quoi qu'il en soit, il a beaucoup fait; et les amis des sciences se flattent qu'il trouvera dans sa patrie la récompense de son activité, de sa constance et de son courage (*).

(*) *Voyage de Mungo Park dans l'intérieur de l'Afrique. Voyage de de la Brue, sur la côte occidentale d'Afrique. Mémoires de Job-Ben Salomon*, par Bluet.

CHAPITRE III.

Description de l'intérieur de l'Afrique. — Tombuctou. — Houssa. — Gago et Eyeo. — Daumé ou Dahomé. — Mahis et Tappas. — Melli. — Cassina. — Bornou. — Fezzan. — Wangara. — Gadamis — Darfour. — Shilluk. — Dongo, etc.

En suivant le cours du Niger, vers l'est, depuis la ville de Silla, qui a été le terme du voyage de M. Park dans l'intérieur de l'Afrique, on rencontrerait des royaumes et des peuples qui ne sont connus des Européens que par l'itinéraire rapide de quelques marchands mahométans, ou par la géographie d'Edrisis et celle de Léon.

La plupart de ces relations inexactes ont été réunies et comparées par M. Beaufoi, dont un savant et fameux géographe, le major Rennel, a reconnu et distingué le talent dans ce genre de travail.

Outre les fautes inévitables qui peuvent résulter de l'amalgame de tant d'observations et de rapports, pour la plupart contradictoires, la manière de prononcer et d'écrire les noms variant sans cesse, fournit encore une ample matière à de graves erreurs; l'accent naturel à chaque pays, la flexibilité d'organes particulière à chaque individu, ainsi que le degré d'attention dont il est susceptible, sont autant de causes qui empêchent que deux personnes n'articulent de mémoire le même son, comme il est impossible à deux peintres de produire exactement le même ton de couleur. Cet inconvénient ne se borne pas à la manière de prononcer les voyelles, il a lieu même pour les consonnes qui sont les élémens essentiels des mots; leur valeur varie à chaque instant par l'addition d'une aspiration ou d'un son guttural plus ou moins fort; et lorsque ces diverses manières de prononcer se trouvent écrites, elles jettent dans des incertitudes et des erreurs inextricables.

L'uniformité ou la ressemblance des caractères alphabétiques, et l'emploi de points pour indiquer les voyelles, sont des sources continuelles de confusion et d'inexactitudes dans l'arabe, qui est le langage dominant en Afrique.

L'usage de marquer les voyelles par des points, forme la nuance entre les caractères syllabiques les plus simples et l'alphabet perfectionné.

Les lettres de l'*Ethiopien*, qui n'est qu'un dialecte de la langue arabe, sont plutôt syllabiques qu'alphabétiques, et les caractères arabes eux-mêmes semblent avoir servi dans le principe à exprimer des syllabes entières, puisqu'il n'y en avait pas pour les voyelles, et que dans la suite on y a suppléé par des points, lorsque l'alphabet s'est perfectionné.

Dans les dialectes des peuples de l'Afrique qui ne connaissent pas l'écriture, la diversité de prononciation est encore plus grande et plus arbitraire; les noms propres y sont syncopés, mutilés et même quelquefois changés d'une manière tout à fait méconnaissable, comme il arrive dans le langage familier du bas peuple de presque toutes les nations. C'est encore aux mêmes causes qu'on peut attribuer cette quantité de noms semblables qui se rencontrent dans la géographie de l'Afrique, et augmentent ainsi l'obscurité qui règne sur l'histoire des différentes tribus africaines.

Avant le départ de M. Park, la position de Tombuctou n'était pas encore exactement déterminée ; les renseignemens parvenus en Europe sur ce point, n'étaient que superficiels et peu satisfaisans ; on les avait puisés dans des sources douteuses. Quelques relations verbales, recueillies au hasard, dans lesquelles on représentait les peuples de l'intérieur de l'Afrique comme des monstres par la difformité de leurs traits, et comme des géants par leur haute stature, couvraient aussi de lames d'or les maisons de Tombuctou, et remplissaient les trésors du roi tombuctan de monceaux d'or *de Tybar* (ce dernier mot signifie or, et les anciens voyageurs le prirent pour un nom propre); mais jamais on ne s'est donné la peine de reconnaître la position de la ville, ni de marquer les limites de son territoire. Le savant Rennel fixe approximativement la position de Tombuctou à seize degrés trente minutes de latitude nord, et un degré trente-trois minutes de longitude est; cette place fut fondée autrefois par les Arabes *Assenhagi;* la ville actuelle a été bâtie, en 1221, par le roi *Mense Suleiman* ou *Soliman,* sur l'emplacement de la première, qui portait le même nom.

Vers le milieu du seizième siècle, sous le règne de Izchia, prince sage et habile politique, le royaume de Tombuctou acquit un degré de puissance considérable; il subjugua tous les états voisins, et étendit sa domination jusque sur ceux d'Agadez, de Cassina, de Guber, et sur divers autres empires situés à l'est et au sud.

En 1540, suivant Marmol, qui accompagna, à cette époque, une armée maure envoyée contre Tombuctou, le prince Izchia opposa à toutes les forces de l'empereur de Maroc une armée de trois cent mille hommes, et l'obligea à faire une retraite honteuse et précipitée à travers le désert.

Sur la fin du même siècle, cependant, les armes de Maroc eurent, à leur tour, des avantages signalés sur les Tombuctans, et, pendant long-temps, les troupes noires à la solde de l'empire de Maroc furent recrutées sur le territoire de Tombuctou.

Houssa, située à environ deux cents milles à l'est de Tombuctou, est une ville considérable, capitale d'une monarchie puissante (*), dont le territoire s'étend le

---

(*) Soudan, Houssa ou Asna : le premier de ces trois mots est le nom arabe ; le second est celui en usage dans le pays même, et le troisième est le nom que lui donnent les habitans du Bornou. En général, le voyageur fera toujours bien d'adopter de préférence le second de ces noms comme le plus convenable, en ce qu'il est entendu et par les Arabes au-dessous du Soudan, et par tous les peuples qui

long de la rive septentrionale du Niger, jusqu'à Cassina, et comprend les anciens états de *Tokrur* ou *Tekrur*.

Du temps de Léon, la ville de Houssa n'était pas encore connue.

Sur la rive méridionale du Niger, à l'est du Kong, au sud-est du Bedou, et au nord de Tonowah, se trouve l'empire nègre de Kaffaba, qui est encore presqu'entièrement inconnu : nous avons déjà dit que c'était l'ancien Caphos de Ptolemée.

Au sud-est de Kaffaba, dans le même parallèle de latitude que Houssa, et à dix jours de marche de cette ville, se trouve le royaume de Gago, fameux par son com-

sont au sud du Niger. Le nom bornouan, Asna, comprend le Kano, le Kashna ou Cassina, et tout le pays situé plus à l'est ; il s'applique aussi quelquefois, mais improprement, au Tombuctou. Les diverses contrées comprises sous cette dénomination sont toutes gouvernées par des sultans particuliers, dont les plus puissans sont ceux de Kashna et de Houssa ; mais ils sont tous sous la domination du Bornou, à qui ils paient un tribut annuel ; il faut en excepter cependant celui du Niffé, dont le territoire est assez éloigné pour qu'il puisse se soustraire sans danger à la puissance de cet empire.

merce en or ; la richesse de cet état excita autrefois la jalousie et l'ambition du gouvernement de Maroc, qui lui fit souvent la guerre. En 1590, sous Muley Hamet, les Maures battirent complètement les troupes du Gago, et l'armée victorieuse revint chargée d'un butin considérable et d'une immense quantité d'or.

Aucun Européen n'ayant jamais pénétré dans ce pays, on n'a que des notions vagues sur la topographie et les productions du sol, ainsi que sur les mœurs et les usages des habitans. Suivant Léon, dont nous avons déjà parlé plus haut, et suivant les marchands maures qui viennent commercer sur la côte, on ne peut pas douter qu'il ne se tire une immense quantité d'or des montagnes qui traversent le pays et qui le bornent au midi.

Au sud de Gago ou Gugoo, se trouve le royaume puissant d'Eyeo ou Haiho (Ayo), que Barbot nomme aussi *Oyeo* et Okiou, et qui est peut-être actuellement compris dans celui de Gago, comme l'a supposé avec quelque probabilité, le savant M. Archibald Dalz, dans son *Histoire de Dahomé.*

Le *g* dans la langue des Maures prend souvent le son d'une *h* aspirée, comme dans le mot George, qui se prononce *horké* ou *horché ;* et quelquefois l'*h* aspirée se change en une simple voyelle telle que *e*, sur-tout dans le langage de la conversation : c'est ainsi que les Grecs adoucissaient leurs *aspirés*, en convertissant l'*esprit rude* en *e* (épsilon) ou *esprit doux.*

Les Eyeos forment une nation nombreuse et guerrière ; ils sont les seuls, de tous les peuples voisins, sur lesquels les intrépides guerriers du Dahomé n'ont pas une supériorité absolue. Les armées des Eyeos se composent de cavalerie.

Chez les Iroquois de l'Amérique septentrionale, le guerrier compte ses actions d'éclat par le nombre de crânes qu'il a arrachés dans les combats ; les Eyeos se décorent d'un trophée beaucoup plus dégoûtant et plus indécent, en mutilant l'ennemi qu'ils ont tué. Il est défendu à un guerrier, sous peine de mort, de faire quartier à un seul ennemi, avant d'avoir gagné une centaine de ces trophées. Les Abissiniens et les Gallas ont un usage semblable; et il paraît par l'histoire de David (*), que la même chose avait lieu autrefois chez les Juifs.

Le trait suivant donnera une plus grande idée du nombre de guerriers que peuvent armer les Eyeos, que de la discipline et de l'ordre qui règnent dans leur armée. Lorsque leur général entre en campagne, il étend une peau de buffle devant l'entrée de sa tente, et plantant une lance de chaque côté, il ordonne à ses soldats de marcher sur cette peau les uns après les autres : il ne croit son armée assez nombreuse, que lorsque la peau se trouve entièrement élimée par le frottement des pieds des soldats.

Leur monarque a un pouvoir absolu; mais il est soumis à une loi assez singuliè-

(*) Samuel, XVIII, 25.

re. Lorsque sa conduite devient odieuse au peuple, on lui envoie une députation qui lui présente des œufs de perroquet, et lui observe « qu'il doit être fatigué du poids » du gouvernement; que ses sujets l'invi- » tent à mettre un terme à sa sollicitude, » et le prient de se livrer au repos dont il » paraît avoir besoin. » Sa majesté remercie ses sujets de leur attention, se retire dans l'intérieur de son palais, et ordonne à ses femmes de l'étrangler; ce qu'elles font sans balancer : son fils lui succède aux mêmes conditions.

En 1774, cependant, le monarque refusa le présent d'œufs de perroquet; il congédia la députation, en protestant qu'il ne se sentait pas du tout envie de se reposer, et qu'au contraire il était bien déterminé à tenir vigoureusement les rênes de l'état, et à veiller pour le bien de son peuple.

Suivant Diodore, le même usage existait à Méroë : les prêtres avaient coutume de notifier au roi, par un message semblable, que les dieux, dont les mortels ne pouvaient éviter la puissance, l'avaient condamné à se donner la mort.

Ergamènes, dont l'esprit avait été nourri de la philosophie et de la littérature des Grecs, sous le règne du second Ptolemée, recevant un pareil ordre, l'interpréta contre les prêtres eux-mêmes; il fit marcher son armée sur Arrata, la ville du temple doré, où se tenaient les pontifes, et il extermina jusqu'au dernier de leur race.

Les Eyeos paraissent avoir dominé long-temps sur toutes les contrées qui s'étendent vers le sud, entr'eux et la mer. Le Dahomé reconnaît leur puissance et leur paye un tribut : il est constant qu'en 1698, ils conquirent le royaume d'Ardres, qu'ils dépeuplèrent presqu'entièrement, lorsqu'à cette époque, les habitans implorèrent le secours du roi d'Eyeo contre la tyrannie de leur chef.

En 1786, les Dahomiens ayant voulu tenter quelques hostilités contre ce pays, les Eyeos s'y opposèrent, en leur faisant savoir qu'*Ardres appartenait au royau-*

me d'Eyeo, et qu'il était défendu aux Dahomiens d'y mettre le pied.

Leur pays est gras et fertile; leurs moutons sont plus beaux que ceux de France; ils ont d'excellens chevaux et des vivres en abondance.

Les Eyeos n'approchent jamais de la mer, qui est leur fétiche national; il leur est défendu, sous peine de mort, de la regarder.

Au sud d'Eyeo et à l'est de la Volta, est situé le royaume puissant de Dahomé, le Dauma de Léon, qui le premier a parlé de ce peuple. Quoique cet état reconnaisse en général la suprématie d'Eyeo, il a su quelquefois lui résister, et même vaincre ses armées. Abomé, qui en est la capitale moderne, est située à sept degrés cinquante-neuf minutes de latitude nord. Ce royaume est marqué à sa véritable place dans les cartes de Sanuto, de Plancius et de Mercator, où *Dawhee,* son ancienne capitale, est désignée sous le nom de *Dauina.*

En 1700, le nom de ce pays disparut

entièrement de dessus les cartes de l'Afrique, et l'existence même des anciens peuples du Dauma fut révoquée en doute; mais, en 1727, le nom du Dahomé sortit de nouveau de cette obscurité, et devint célèbre par la conquête de Whidah et d'Ardres.

Barbot et Snelgrave, sur la foi de quelques marchands du pays, placent entre Dauma et Gago le lac nommé *Sigesmes* ou *Guarda*, qui a environ cent lieues de l'est à l'ouest, et cinquante du nord au sud. Ce lac est à trois cent soixante-dix milles d'Ardres, et donne naissance à plusieurs rivières considérables qui vont se jeter dans le golfe de Guinée. On ne voit, dans Edrissis ni dans Léon, aucune trace de ce lac, qu'on retrouve cependant sur les cartes de Ptolemée (édition de Ruscelli), en 1561.

Le Dahomé est un pays fertile et très-bien cultivé; le sol est composé d'une argile rougeâtre, dont la couche est profonde et mêlée d'un peu de sable : on trouverait à peine dans tout le pays une pierre de la grosseur d'un œuf; il produit abondamment du maïs, du millet, des yames, des féves, des patates, des cassades, du plantain et des bananes.

L'indigo, le coton, le tabac, le sucre et l'huile de palme y viennent également bien, ainsi qu'une espèce de poivre noir.

Le fruit du lotus fournit aux Dahomiens un pain très-nourrissant et une espèce de liqueur qui est plutôt un gruau délayé.

Les animaux sauvages et domestiques y sont en très-grand nombre; les lacs abondent en poisson.

Les cantons maritimes d'Ardres et de Whidah, avant d'avoir été saccagés par les Dahomiens, étaient parfaitement bien cultivés, et présentaient un aspect magnifique. Voici la description qu'en a donnée Smith. « Une infinité d'arbres immenses,
» de toute espèce, qui semblent avoir été
» plantés de la main de l'art pour décorer
» le paysage; des champs de la plus belle
» verdure, presqu'entièrement cultivés;
» des plaines embellies et animées par une

» multitude de villes et de villages placés
» à de très-petites distances les uns des au-
» tres; une pente graduelle et presqu'im-
» perceptible pendant un espace de qua-
» rante à cinquante milles jusqu'à la mer,
» qui termine la perspective : tel est le ta-
» bleau pittoresque et varié que présente
» ce beau pays, dont l'horizon n'est borné
» par aucune montagne qui puisse arrêter
» la vue. »

Les Ardraniens étaient parvenus à un très-haut degré de civilisation : ils savaient correspondre ensemble par le moyen d'une espèce de *quippos*, semblables à ceux des Péruviens, et formés de même par la combinaison de certains nœuds qui avaient une signification déterminée.

Le caractère des Daumaniens ou Dahomiens est fortement prononcé; il a quelque chose qui leur est particulier; ils ont conservé leurs mœurs primitives, et ont très-peu de communication avec les Européens et même avec les Maures. On retrouve chez eux les traces de quelques institutions et de quelques usages singuliers, qui avaient paru incroyables aux nations modernes, en les voyant dans les fastes antiques des Égyptiens, des Indous et des Lacédémoniens : de même que ces derniers, ils allient la férocité à la civilisation, et une espèce de générosité à la cruauté la plus révoltante. Ils sont en général hospitaliers, affables, et se gardent bien d'insulter un étranger. Ils ont l'air mâle; ils sont forts et agiles, et quoiqu'ils se tatouent beaucoup moins que leurs voisins, leur figure a quelque chose d'affreux, et annonce plutôt de la férocité que du courage.

Leur gouvernement est un despotisme absolu; tous les habitans sont esclaves: ce qui donne au souverain le droit implicite de disposer de la fortune et de la personne de chacun de ses sujets. « En pensant à
» mon roi, disait un Dahomien à M. Nor-
» ris, je sens que je vaux cinq ennemis, et
» j'ose les combattre. Ma tête n'est point à
» moi, elle appartient à mon roi, qui peut
» en disposer et la faire couper si cela lui

» plaît: je suis prêt à me résigner. Si je perds
» la vie dans le combat, je mourrai satis-
» fait, puisque j'aurai versé mon sang pour
» lui. »

Cet attachement, on peut dire ce dévouement extraordinaire, n'éprouve jamais la moindre altération, lors même que leurs plus proches parens deviennent les victimes de l'avarice et de la cruauté du prince; ils sont toujours disposés à attribuer ses injustices à leurs propres fautes.

Guidé par cet esprit d'obéissance et de résignation, le Dahomien s'élance avec intrépidité sur le champ de bataille, et se bat tant qu'il peut soutenir son sabre.

En 1775, le vice-roi de Whidah ayant été disgracié, un officier du Dahomé fut chargé de lui déclarer « que son devoir dé-
» sormais serait d'accompagner le général
» à la guerre; et que s'il lui arrivait de com-
» mettre la moindre faute, ou de montrer
» les talons à l'ennemi, le roi aurait son ci-
» meterre tout prêt pour lui couper la tête
» à son retour. Cela n'arrivera jamais, ré-

» pondit l'autre, car si je soupçonnais qu'on
» pût jamais m'accuser de lâcheté, et me
» croire capable de tourner le dos à l'en-
» nemi, ou de donner aucun sujet de plain-
» te contre moi, je ne fournirais pas au pre-
» mier ministre l'occasion de me faire subir
» un interrogatoire déshonorant, ni de s'en-
» tremettre entre moi et mon souverain, je
» préférerais cent fois me donner la mort. »
Quelque temps après, cet officier se trouva abandonné presque seul dans un poste qui lui avait été confié, et il y mourut glorieusement. Après avoir détaché successivement l'élite de ses troupes pour secourir ses compagnons, qui n'étaient pas en force, voyant qu'il lui serait impossible, à son tour, de résister à l'ennemi qui approchait, il se fit apporter son siége, congédia ceux qui l'accompagnaient, s'assit et attendit seul les assaillans. Lorsqu'il les vit à portée de pistolet, il se leva et fit feu de toutes ses armes. Il ne tarda guère à être environné; tirant alors son sabre, il se précipita dans les rangs les plus épais, et après avoir fait

mordre la poussière à plusieurs ennemis, il tomba accablé par le nombre ; mais au lieu de recevoir la mort qu'il cherchait, il fut fait prisonnier.

Le roi de Dahomé donna les plus grands éloges à sa conduite, et paya sa rançon ; mais l'officier refusa de revenir dans son pays, en disant à l'envoyé « que s'il était » le plus malheureux des sujets de sa ma- » jesté, il osait au moins se flatter qu'il n'y » en avait pas de plus loyal ni de plus fi- » dèle que lui ; » et, en disant ces mots, il se passa son épée au travers du corps.

Un autre général dahomien étant sur le point de livrer bataille aux *Popos*, quoiqu'avec des forces inférieures, but aux succès des armes de son roi, et mit le verre en pièces, en s'écriant : « Si je suis vaincu, » que je ne survive pas à mon malheur ! » mais plutôt que je périsse comme le ver- » re que je viens de briser ! » Leurs métaphores et les expressions qui tiennent au génie de leur langue, roulent en général sur leurs forces physiques et sur le tranchant de leurs épées. Les titres pompeux que prend le roi s'appellent ses *noms vigoureux*. Lorsque le roi défend à ses troubadours de chanter un fait qui lui déplaît, il fait annoncer que le sujet est trop *fort* pour lui. L'histoire moderne des Dahomiens réalise, en quelque façon, tout ce que l'histoire nous a transmis sur les anciens Lacédémoniens et sur les habitans de Jomsburgh, ces Spartiates du nord, à qui il était défendu de prononcer le mot de *peur*, même au milieu des dangers les plus imminens, et qui déclaraient fièrement « qu'ils » combattraient leurs ennemis, quand ils » seraient plus forts que les dieux mêmes.»

Saxon rapporte que Frotho, roi de Danemarck, ayant été fait prisonnier dans une bataille, refusa obstinément la vie que lui offrait le vainqueur, en déclarant « qu'il » voulait mourir, puisque son royaume et » tous ses trésors ne lui rendraient jamais » l'honneur qu'il avait perdu, et que la postérité aurait toujours à dire : *Frotho* » *s'est laissé prendre par son ennemi.* »

Abomé, qui est la principale ville du royaume, est à vingt-huit lieues des forts européens ; le roi fait sa résidence dans ses maisons de plaisance de Clamina et d'Agona ; la ville est mal bâtie, les maisons sont sales et petites, si l'on peut appeler maisons des huttes de bambou : celles des principaux officiers se font remarquer par un mur de huit ou dix pieds de haut qui les entoure.

Le palais du roi de Dahomé est un bâtiment très-étendu, composé de huttes construites en bambou et en terre. Il est environné d'un mur de vingt pieds de haut, également en terre, et formant une enceinte d'environ un mille carré. L'entrée de l'appartement du roi est pavée de crânes humains, les murs sont ornés de mâchoires symétriquement arrangées, avec quelques têtes sanglantes placées de distance en distance, pour faire ressortir ce genre de décoration extraordinaire.

L'intérieur du palais, en général, ressemble à une réunion de plusieurs fermes séparées les unes des autres par des murs de terre peu élevés, avec de longues granges couvertes en chaume, et des étables pour les bestiaux. Les toits de chaume sont garnis de crânes humains rangés par intervalles sur de petits morceaux de bois. Quand le roi veut déclarer la guerre, il se borne à faire savoir à son général que la toiture de son palais a besoin d'être réparée. Dans ce palais ou *grande maison*, comme le nomment les Dahomiens, environ trois mille femmes se trouvent continuellement enfermées; cinq cents d'entr'elles sont destinées aux principaux officiers de l'état. Cet usage détestable et injurieux pour le sexe, donne lieu à une infinité d'abus dangereux; il diminue la population dans son principe, détruit les sources de la félicité domestique, outrage la nature et l'humanité, étouffe les sentimens les plus doux, et convertit l'énergie des passions en rage et en férocité. Le premier de tous les maux qui en résultent, c'est l'établissement d'un système légal de prostitution, par la raison que la plus grande partie des classes subalternes n'a pas le moyen de prendre et d'entretenir des femmes. Les enfans des deux sexes sont regardés comme la propriété exclusive du roi ; on les sépare de bonne heure de leurs parens, pour leur donner une espèce d'éducation publique; ces moyens rompent tous les liens de parenté, et l'individu isolé devient l'instrument passif de la puissance du monarque.

Lorsqu'un homme est en état de fournir vingt mille cowris, il se prosterne devant la porte du roi ou de son vice-gérent, présente son argent, et sollicite la grâce d'obtenir une femme; au lieu de pouvoir choisir pour compagne une amie dont les charmes et les qualités lui soient connues, et qui puisse en même temps répondre à l'affection de son cœur, et calmer l'inquiétude naturelle de son caractère, il lui faut prendre, sans rien dire, la femme qu'on veut bien lui donner, jeune ou vieille, laide ou jolie. Quelquefois on se fait un malin plaisir de lui donner sa propre mère, de sorte qu'il perd à la fois une femme et son argent.

En 1775, le vice-roi de Whidah fut destitué et puni de mort pour le propos suivant, qui lui échappa dans un mouvement d'indignation, en voyant passer le cortége nombreux des femmes du roi : « Voyez, » dit-il, voyez, que de femmes charman- » tes sacrifiées à un seul homme ! tandis » que nous, qui avons bravé tous les dan- » gers du siège de Whidah, et qui avons » battu Abavou et son armée, on nous a » donné pour compagnes des femmes qui » seraient bonnes tout au plus à faire des » *balayeuses*. C'est une injuste cruauté ! » mais nous sommes Dahomiens ; nous de- » vons obéir. »

La garde du palais du roi est composée de femmes ; ce qui semble en quelque façon expliquer ce que les anciens ont écrit touchant les Amazones.

Une grande partie des femmes du roi sont exercées au maniement des armes ; elles ont un général de leur sexe, et des officiers subalternes qui sont tous à la nomination de sa majesté. Elles font l'exercice à feu avec beaucoup d'adresse, et exécutent des évolutions militaires avec autant de précision que les troupes du Dahomé les mieux disciplinées; elles paraissent en public avec leurs drapeaux, leurs trompettes, leurs tambours, des fifres et une musique militaire. Quelques-unes sont armées seulement de l'arc et du carquois; celles-ci font le service de troupes légères : ce sont-elles qui portent les ordres du roi aux ministres et aux grands de l'état. Nul homme ne peut pénétrer dans l'intérieur du sérail.

Le *Diaou*, capitaine des tambours, est chargé de la garde extérieure du palais : cette garde est composée d'eunuques, dont il est le chef, étant eunuque lui-même.

C'est un crime de lèse-majesté pour un Dahomien, d'avancer que le roi ressemble aux autres mortels et qu'il mange et boit comme eux. La couronne est héréditaire; mais le roi peut, de son vivant, désigner pour son successeur, celui de ses enfans qu'il préfère, pourvu qu'il soit né d'une des six premières sultanes : elles seules peuvent donner des souverains à l'état; les autres ne sont regardées que comme des concubines.

A son avénement au trône, le roi proclame qu'il ne *connaît* personne; il déclare qu'il n'aura de prédilection pour qui que ce soit; mais qu'il administrera la justice avec fermeté et impartialité, et sur-tout qu'il n'aura égard à aucune remontrance, et ne recevra de présens que de ses officiers; ceux-ci ne l'approchent jamais qu'en se traînant dans la poussière. Ils ne le regardent en face que lorsqu'ils se retirent, ce qu'ils font en reculant; mais alors le roi leur a déjà tourné le dos pour rentrer dans son sérail.

Les Dahomiens professent dans toute sa rigueur, la doctrine de l'obéissance passive pour leur roi, comme tenant sa puissance de droit divin. Leur histoire n'offre aucun exemple d'un monarque détrôné.

A la mort du souverain, le nouveau roi se rend au tombeau de son prédécesseur par un chemin tout couvert de sang, et tous les ans, il arrose du sang des victimes humaines la sépulture de ses ancêtres.

La mort du roi s'annonce par des cris épouvantables qui partent d'abord de l'intérieur du palais, et s'étendent avec la rapidité de l'éclair jusqu'aux extrémités du Dahomé; ces hurlemens deviennent aussitôt partout le signal de l'anarchie, du pillage et de l'assassinat, qui ne cessent que lorsque le nouveau roi a pris les rênes du gouvernement.

On ne peut se faire une idée des cérémonies barbares qui se pratiquent à la mort du roi des Dahomiens. La civilisation et le commerce des Européens pourront peut-être un jour faire cesser ces usages atroces.

Aussitôt après le décès du prince, huit hommes creusent une fosse profonde que les habitans nomment *tombeau de Neptune*, et près de laquelle on élève une espèce de catafalque paré de tout ce que le défunt avait de plus riche et de plus précieux.

Les huit hommes qui ont creusé le tombeau, montent ensuite l'un après l'autre sur l'estrade, où on leur coupe aussitôt la tête; alors les femmes du roi se présentent en foule pour être enfermées dans le tombeau. On en choisit vingt-quatre qui se réjouissent d'être préférées, tandis que les autres se désolent et murmurent contre l'injustice qui les exclut de l'honneur de servir leur maître. On met dans le tombeau beaucoup de corail, de tabac et d'eau-de-vie, ainsi que des chapeaux, des bijoux et d'autres objets curieux : entr'autres, trois cannes à pomme d'or et autant à pomme d'argent.

Le prêtre fait aux vingt-quatre élues une courte harangue, dans laquelle il les exhorte à prendre le plus grand soin du roi : et aussitôt on les voit se presser à qui descendra la première dans le tombeau; à mesure qu'elles se présentent à l'entrée, on leur casse les jambes à coup de massue. Dès qu'elles y sont toutes descendues, on ferme le tombeau, on le couvre de terre et on tire le canon pendant cinq jours.

Dans ces occasions, les gouverneurs et commandans des forts européens, ainsi que les princes tributaires, sont tenus d'envoyer des présens qui consistent en esclaves des deux sexes, en cheveaux, bœufs, moutons, pigeons, etc. On immole tout, hommes et animaux, aux manes du feu roi, et leurs cadavres sont jetés dans les champs, où ils deviennent la pâture des oiseaux carnassiers et des bêtes féroces.

La religion des Dahomiens est vague et incertaine; elle consiste dans la pratique de quelques cérémonies superstitieuses, dont la tradition s'est conservée jusqu'à présent, et dont l'intention ou le but, s'il y en a jamais eu, s'est perdu depuis longtemps; ils n'ont pas un système fixe de croyance, ni des principes exacts de morale. Ils ont plus de confiance dans leurs amulettes et leurs fétiches, que dans la divinité même. Le tigre est leur fétiche national; ils décorent leur habitation des images les plus dégoûtantes. Ils teignent de sang l'objet qu'ils ont choisi pour leur fétiche, le garnissent de plumes, et le barbouillent d'huile de palme et de jaunes d'œufs.

Chaque quatrième jour est un jour de repos, sans être cependant jour de fétiche; ces derniers sont déterminés par les prêtres et par d'anciens usages; les habitans regardent le renouvellement de la lune comme propre à leurs cérémonies religieuses. Les prêtres président aux fétiches et les dirigent : ils prétendent lire dans l'avenir et découvrir les choses cachées. Ils fabriquent des talismans, à la vertu desquels les Nègres ont beaucoup de confiance.

Le culte du serpent était particulier aux *Oueidas*, anciens habitans de ces contrées ; il a été adopté par les Dahomiens, leurs vainqueurs ; mais ceux-ci en rendent un plus direct aux arbres et aux rivières.

Le serpent qu'ils adorent n'est pas malfaisant, il mord rarement, à moins qu'on ne l'ait violemment irrité; il est l'ennemi d'un autre serpent fort dangereux qui lui ressemble; il le poursuit à outrance partout où il se trouve, et l'éloigne avec soin des maisons, où il vit lui-même comme animal domestique : il se nourrit ordinairement de rats.

On a élevé un temple à ce serpent; les prêtresses, qui le desservent, sont au nombre de douze; elles ne peuvent plus habiter avec les hommes : le roi fait payer à chacune une petite rente annuelle d'environ cent francs de notre monnaie, et il fournit à l'entretien de quatre esclaves affectés à la culture des terres, dont le produit est destiné à la subsistance des prêtresses.

On célèbre tous les ans une fête en l'honneur du serpent; cette fête dure sept jours, pendant lesquels le peuple se livre à la joie la plus extravagante.

Les malades et les femmes enceintes vont en foule se faire toucher par cet animal, espérant en obtenir, les unes leur guérison, et les autres un heureux accouchement.

Les habitans adorent aussi le diable; ils ont recours à lui lorsqu'ils craignent quelque malheur. Le roi a de même le sien; on choisit pour ce rôle un jeune homme de vingt-cinq à trente ans, à qui l'on fait boire de temps en temps un breuvage qui le rend furieux. On lui construit une case à une lieue de la demeure du roi; on lui donne six hommes et trois femmes pour le servir. A la mort du roi, on le fait périr, lui et ses esclaves.

Le grand-prêtre ou *grand-woodnous*, était autrefois en grande vénération parmi les Nègres, qui lui rendaient les mêmes honneurs qu'au roi. Ahaldy, à son avénement au trône, fut irrité de l'influence qu'il exerçait sur tous les esprits; il crut sa dignité offensée; cependant il dissimula et chercha à ramener le grand-prêtre par la douceur : celui-ci répondit avec fierté et arrogance, «qu'il était l'interprète de Dieu » sur la terre; qu'il ne devait compte de

» sa conduite qu'à lui seul; et qu'il était
» au-dessus des autres hommes et même
» des plus grands rois, qui, malgré toute
» leur puissance, ne pouvaient avoir au-
» cune autorité sur lui. »

Cet excès d'audace détermina le roi à prendre un parti hardi contre l'imposteur. Il choisit pour cela un jour où le peuple et les grands étaient assemblés dans une plaine pour quelques affaires importantes.

Le grand-prêtre, environné de tout l'appareil de la souveraineté, s'étant placé vis-à-vis du roi, dont il affectait de braver la puissance, Ahaldy se leva gravement, et lui dit : « Il est donc vrai, grand-wood-
» nous, que les dieux t'ont rendu invul-
» nérable, et que les hommes, sans en
» excepter les rois, n'ont aucun pouvoir
» sur toi? — Oui, lui répondit l'impos-
» teur en le provoquant, je suis à l'abri du
» fer et du feu. » Le roi tirant aussitôt son sabre, s'avança sur lui, et lui fit sauter la tête d'un seul coup.

Depuis cet événement, le roi réunit à

la puissance souveraine le pouvoir théocratique; et il est adoré comme le plus grand des dieux.

Les prêtres du pays savent faire servir à leurs plaisirs la superstition des peuples. Les jeunes filles ou les femmes qui désirent avoir avec eux des liaisons secrètes, font semblant de tomber sans connaissance, ou d'être attaquées de spasmes violens. Les pères ou les maris se persuadent aisément qu'elles sont (suivant leur expression) *prises du fétiche ;* et ils s'empressent de les transporter dans le temple, où elles restent pendant trois mois sous la garde des prêtres. Dès-lors elles ne communiquent plus avec qui ce soit, et leur principale occupation est de se frotter le corps avec de l'huile de palme. Les trois mois écoulés, elles sont rendues à leurs parens, qui les ramènent dans le sein de leurs familles, parées de tout ce qu'elles ont de plus brillant.

Leurs idées sur la divinité ne s'accordent en aucune manière avec celles des Européens; ils imaginent que nos dieux tutélaires ne peuvent être en même-temps les leurs. « Sans doute, disait à *Snelgrave* un chef dahomien, vous avez raison d'invoquer le dieu qui vous a révélé tant de choses extraordinaires; mais pour nous, à qui il n'a pas daigné se faire connaître, nous devons nous contenter de celui que nous avons adoré jusqu'ici. »

Les Dahomiens fabriquent de la toile de coton peinte, et font une espèce d'étoffe de feuilles de palmiers. Ils sont assez adroits à travailler les métaux.

Les bardes, qui célèbrent les exploits du roi et ceux de ses généraux, sont en même-temps les historiens de la nation. Leurs poëmes se récitent dans les occasions solennelles, et leur lecture dure plusieurs jours de suite: on peut les comparer aux poésies d'Ossian ou à celles des bardes irlandais, velchs et gaulois. Il est probable que les légendes du Dahomé ne sont pas plus authentiques que celles des autres nations; car dans un état qui n'est pas civilisé, il est toujours de l'intérêt des bardes de ne pas traiter de sujets qui soient *trop forts*, c'est-à-dire, qui déplaisent à leurs chefs.

Le persan Hafez aurait été mis à mort par Tamerlan, pour avoir dit, en véritable amant, qu'il préférait les charmes de sa maîtresse à l'or du Bokhara, et aux diamans du Samarcand, s'il n'avait pas su désarmer le courroux du prince par un jeu de mots ingénieux qui donnait à ce qu'il avait dit, un sens tout différent. Qu'elle confiance, après cela, peut-on avoir aux contes des poëtes !

Quoique les Dahomiens ne se nourrissent pas ordinairement de chair humaine, cependant une de leurs cérémonies religieuses dans leurs fêtes solennelles, consiste à manger la chair des victimes humaines qu'on y sacrifie. Il paraît qu'ils étaient dans l'usage autrefois de *manger leurs ennemis*; on pourrait du moins le présumer, car c'est par ces mots qu'ils s'expriment pour dire qu'ils ont fait des prisonniers.

L'esprit guerrier des Dahomiens est toujours ce qu'il était autrefois; mais leurs exploits militaires n'offrent rien de remarquable depuis le règne de Guadja Trudo, le conquérant de Whidah, d'Ardra, Torri, Didouma, Ajirah et Jacquin : ce prince mourut en 1731.

Guadja Trudo a mérité sans doute le titre de *conquérant,* si on peut décorer de ce nom un prince barbare qui cherchait la gloire dans le carnage et la destruction, et ne voulait y arriver qu'*à travers des flots de sang;* mais on se gardera bien de lui donner le surnom de *vertueux.* Dans toute son histoire, on ne trouve pas de lui un seul trait de grandeur d'âme. Entièrement insensible aux maux de ses propres sujets, il était cruel et barbare envers les peuples voisins. Lorsqu'il était las de gouverner paisiblement ses états, il conduisait ses Dahomiens à la victoire. Sa politique était celle d'un sauvage ambitieux; c'est en brûlant les villes et en massacrant les habitans, qu'il cherchait à s'assurer la conservation de ses conquêtes; cependant ses vues étaient plus étendues que celles de tous ses sujets, et le portrait que nous en a donné Snelgrave, est à la fois très-exact et très-curieux. Il assure que ce prince lui parut l'homme le plus extraordinaire qu'il eût jamais vu parmi les peuples de la même couleur. Sa renommée existera long-temps dans le Dahomé; sa mémoire y est révérée à jamais; et dans les sermens les plus solennels, on jure toujours par son nom.

Sur la fin du règne de Guadja Trudo, le royaume de Dahomé perdit beaucoup de sa force et de sa prépondérance. Obligé dans ses derniers jours d'abandonner les rênes de l'état à des mains inhabiles, ce prince fut continuellement trahi par les ministres auxquels il donna sa confiance; ils mirent le désordre dans ses finances, désorganisèrent ses troupes et ruinèrent le commerce.

Toutes les sources de ses revenus se trouvèrent taries à la fois; et dans un besoin pressant, il s'est vu forcé de faire vendre de ses propres sujets. Cette permission, dont les ministres ont abusé par la suite, a fini par épuiser le royaume, et en a réduit la population à près de moitié; beaucoup d'habitans craignant le même sort, ont été s'établir chez leurs voisins.

Enfin, à la mort de Trudo, la garnison de Grighwi ou Glegoi (*), qui, neuf années auparavant, avait été de huit à dix mille hommes, se trouvait réduite à trois cents.

Le roi Bossa-Ahaldy, son successeur, sortait rarement de son sérail; il se montrait peu, il se mettait quelquefois à la tête de ses troupes, mais il n'exposait jamais sa personne.

Les principaux ministres de l'état sont, le *themighan* ou grand-visir, qui connaît de toutes les affaires; l'*agaou* ou général en chef, qui dirige les opérations militaires; et le *mehou*, qui est chargé des finances et du commerce.

(*) C'est la principale ville de commerce du Dahomé; elle est près de la côte et dans le voisinage des comptoirs européens.

Viennent ensuite le *ploga* ou lieutenant du *themighan*; le *soga* ou grand écuyer, lieutenant de l'agaou; et l'*yavoghan*, gouverneur de Grighwi, lieutenant du mehou.

Le roi a en outre ses capitaines de guerre et ses agens du commerce. Chacun de ses officiers reçoit de lui un mulet, sur lequel il ne monte que dans les grandes cérémonies, ou lorsqu'on se met en campagne.

L'habit d'étiquette pour se présenter à la cour, ressemble à un surplis sans manches; l'habit de guerre est à peu près le même: le roi le fournit aux officiers; le soldat n'a pas d'uniforme.

Dans les jours de cérémonie, le roi seul est chaussé; il porte des brodequins et des bas de soie, et tout son habillement jusqu'au chapeau est à la française; mais ordinairement il se sert d'un pagne, ou d'une pièce de drap rouge qu'il met sur sa veste.

Les officiers seuls ont une solde réglée: le reste de la milice n'est payée que pendant la guerre ou lorsqu'elle quitte son territoire. En temps de paix, le soldat pour se procurer sa subsistance travaille à la terre, ou à la fabrique des étoffes du pays.

Le peuple, en général, est écrasé d'impôts de toute nature, et de droits arbitraires qui se perçoivent avec une sévérité inouie. On ne fait pas un pas sans rencontrer des commis percepteurs; il y en a de distance en distance sur les grands chemins; on en trouve à chaque carrefour, à la porte des forts et jusque sur le bord de la mer.

Un ancien directeur des comptoirs français, qui a parcouru ce royaume en 1776, dit que les forces du roi de Dahomé ne s'élèvent pas à présent à plus de huit mille hommes.

Les villages qu'il a traversés lui ont paru assez considérables; les maisons sont petites et couvertes en chaume; elles sont éparses sans ordre, et placées à peu près au centre des terres labourables qui en dépendent.

Bossa Ahaldy et Adahoonzou, fils et

petit-fils de Trudo, étaient animés, comme lui, d'une ambition inquiète et désastreuse ; mais ils n'avaient point ses talens militaires.

Le discours suivant en faveur de la traite, adressé par Adahoonzou au gouverneur Abson, qui lui avait envoyé quelques pamphlets à ce sujet, nous a paru mériter l'attention du lecteur, en ce qu'il fait connaître le caractère d'un prince africain, son éloquence et sa manière de considérer la traite. « J'admire le raisonnement
» des blancs, disait-il; mais, avec toute
» leur intelligence, il paraît qu'ils n'ont
» pas parfaitement étudié le caractère des
» noirs, qui ne ressemblent pas plus aux
» blancs par leurs dispositions morales,
» que par leur couleur. Le Grand Être
» a créé les uns et les autres, et puisqu'il
» lui a plu de distinguer les deux espèces
» par le contraste des couleurs, n'en peut-
» on pas conclure qu'il a mis la même op-
» position dans leurs caractères ? N'y a-t-il
» pas également une différence remarqua-

» ble entre votre pays et celui que nous
» habitons? Vous, par exemple, qui êtes
» Anglais, si l'on m'a bien instruit, vous
» êtes environnés par l'Océan qui vous sé-
» pare du reste du monde, avec lequel
» vous ne communiquez que par le moyen
» de vos vaisseaux; mais nous Dahomiens,
» placés sur un vaste continent, au milieu
» de mille peuples divers, de mœurs et de
» langages différens, quoique la couleur
» soit toujours la même, ne sommes-nous
» pas obligés d'avoir recours au tranchant
» de nos épées pour nous défendre contre
» leurs attaques, et exercer sur eux de jus-
» tes représailles. Voilà la véritable cause
» des guerres continuelles que nous avons
» à soutenir ; aussi vos compatriotes se
» trompent grossièrement, lorsqu'ils sup-
» posent que nous ne faisons la guerre que
» pour remplir vos vaisseaux d'esclaves.

» Vous vous flattez d'opérer dans les
» mœurs des noirs, ce que vous appelez
» une *réforme ;* mais considérez donc
» quelle disproportion il existe entre l'é-

» tendue respective de votre pays et du nô-
» tre, et vous serez bientôt convaincus de
» l'impossibilité de changer le système d'un
» empire aussi vaste que celui-ci. Nous sa-
» vons que vous êtes un peuple brave, et
» que vous pourriez, à l'aide de vos bayon-
» nettes, forcer beaucoup de noirs à adop-
» ter vos opinions ; mais avant d'arriver à
» ce but, combien de sang ne faudrait-il
» pas faire couler? combien de cruautés
» ne faudrait-il pas commettre? et j'ose
» croire que ce n'est pas là l'intention des
» blancs; car, autrement, un semblable ré-
» sultat serait lui-même la condamnation
» des principes d'humanité que professent
» ceux qui prétendent nous réformer.

» Je déclare en mon nom, et au nom de
» tous mes ancêtres, que jamais les Daho-
» miens n'ont fait la guerre dans la vue de
» se procurer, par le pillage, les moyens
» d'acheter de vos denrées. Moi, qui ne
» suis à la tête de ce pays que depuis fort
» peu de temps, n'ai-je pas déjà tué plu-
» sieurs milliers d'ennemis? En combattant,

» ai-je songé au commerce ? Si mes enne-
» mis m'attaquent de nouveau, j'en tuerai,
» j'espère, plusieurs milliers encore : et
» l'on dira peut-être que j'ai cherché à faire
» des esclaves. Lorsque la politique ou la
» justice ordonnent la mort d'un homme,
» ni la soie, ni le corail, ni l'eau-de-vie,
» ni des monceaux de cowris, ne pour-
» raient racheter le sang qui doit être versé
» pour l'exemple. Au reste, si les blancs
» prenaient enfin le parti de rester chez
» eux, et qu'ils ne vinssent plus nous voir
» pour trafiquer avec nous, comme ils ont
» fait jusqu'ici, les noirs s'en feraient-ils
» moins la guerre ? je réponds que non. Si
» vous n'envoyiez plus de vaisseaux pour
» prendre nos captifs, que deviendraient-
» ils ? Je puis vous assurer qu'on leur ôte-
» rait la vie. Vous me demanderez peut-
» être comment les noirs se procureraient
» ensuite de la poudre et des armes ? Je
» vous répondrai en vous faisant une autre
» question : n'avions-nous pas des mas-
» sues, des arcs et des flèches, avant de

» connaître les blancs? Ne m'avez-vous pas
» vu célébrer l'anniversaire de Weibai-
» gah, troisième roi de Dahomé? N'avez-
» vous pas observé que dans cette cérémo-
» nie, je tenais à la main un arc, et que je
» portais un carquois rempli de flèches?
» Ce sont les emblêmes du temps glo-
» rieux où, avec ces armes, notre ancêtre
» valeureux a combattu et subjugué tous
» ses voisins. Dieu a versé les semences de
» la guerre sur tout l'univers; il n'est pas
» d'état, petit ou grand, qui n'en ait sa
» part; chacun s'y livre plus ou moins, et
» la fait à sa manière. Weibaigah vendait-
» il des esclaves? point du tout; il faisait
» tuer tous ses prisonniers, jusqu'au der-
» nier homme. Autrement, qu'en aurait-il
» pu faire? Devait-il les garder au milieu de
» ses états, pour égorger au premier ins-
» tant ses propres sujets? Une semblable
» conduite eût été contraire aux idées les
» plus simples de la politique; et si l'on
» eut adopté ce parti, le nom du peuple de
» Dahomé serait tombé depuis long-temps

» dans le plus profond oubli, et ne se-
» rait pas, comme il l'est aujourd'hui, la
» terreur de toutes les nations voisines. Ce
» qui m'offense cruellement, c'est que plu-
» sieurs de vos auteurs nous ont indigne-
» ment calomniés dans des livres qui doi-
» vent être immortels, en supposant que
» nous vendions nos femmes et nos enfans
» pour avoir quelques veltes d'eau-de-vie.
» C'est une insigne fausseté, ils mentent
» honteusement, et je vous invite à dé-
» truire, d'après mon témoignage, ces
» contes scandaleux; il faut que la posté-
» rité sache qu'on a cherché à lui en impo-
» ser sur notre compte. Nous vendons sans
» doute une partie de nos prisonniers aux
» blancs : n'en avons-nous pas le droit?
» Tout prisonnier n'est-il pas à la discré-
» tion de son vainqueur? N'avons-nous
» pas raison d'envoyer nos criminels loin
» de nous, dans une terre étrangère? J'ai
» entendu dire que vous en faisiez autant.
» Si vous ne voulez plus de nos esclaves,
» pourquoi ne pas être assez sincères pour

» dire la vérité, en avouant que ceux que
» vous avez achetés depuis long-temps,
» suffisent à présent pour le pays où vous
» les avez transportés; ou peut-être seriez-
» vous obligés de convenir que les artistes
» qui étaient en possession de faire les bel-
» les choses que nous admirons, sont tous
» morts, sans avoir transmis leur talent à per-
» sonne? Mais ce qui me semble vraiment
» extraordinaire, c'est qu'une poignée
» d'hommes qui siégent en Angleterre, en
» *cheveux longs*, prétendent nous faire
» des lois, et nous tracer la manière dont
» nous devons exister, comme s'ils y en-
» tendaient quelque chose, eux qui n'ont
» jamais mis le pied, de leur vie, dans le
» pays des noirs. Ils auront été induits en
» erreur par le rapport de quelques mé-
» chans qui, ayant voulu traiter avec nous,
» et ne connaissant pas suffisamment le ré-
» gime de notre commerce, auront perdu
» leurs esclaves et leurs capitaux, faute
» d'avoir su conduire leurs affaires; irrités
» d'en voir d'autres, plus habiles qu'eux,

» s'enrichir par la traite, ils auront cher-
» ché, dans leur basse jalousie, à avilir à
» la fois et les Européens et les noirs qui
» s'occupent de ce genre de commerce.

» Vous m'avez vu faire donner la mort à
» plusieurs de mes sujets. On m'envoie sou-
» vent de toutes les parties de mes états,
» des criminels, pieds et poings liés : je les
» fais mourir, et l'on ne me voit pas en
» exiger le prix. Je fais placer quelques
» têtes à la porte de mon palais ; j'en fais
» jeter quelques autres dans la place pu-
» blique, afin d'entretenir mon peuple dans
» une crainte nécessaire. Ces actes de sé-
» vérité impriment plus d'éclat à ma puis-
» sance, que tout l'étalage des objets pré-
» cieux que j'achète dans vos comptoirs ;
» ils me font craindre de mes ennemis, et
» répandent la terreur de mon nom jus-
» que dans l'intérieur *du Bocage* (*).
» D'ailleurs, si je négligeais de remplir un
» devoir aussi indispensable que celui de
» faire mourir des prisonniers et des cri-

(*) Les forêts de l'intérieur de l'Afrique.

» minels, mes ancêtres me laisseraient-ils
» vivre?.... Ne viendraient-ils pas nuit
» et jour troubler mon repos, en me re-
» prochant de ne leur envoyer aucun de
» mes sujets pour les servir, de n'être oc-
» cupé que de ma gloire, et d'oublier en-
» tièrement ceux à qui je dois l'existence?
» Vous autres blancs, vous ne savez rien de
» tout cela; mais je vous le dis aujour-
» d'hui, afin que vous en soyez convain-
» cus, et que vous en instruisiez vos com-
» patriotes; telle est l'origine de nos *cou-*
» *tumes;* et elles existeront aussi long-
» temps que les noirs habiteront ce pays.
» Le peu d'hommes que je puis soustraire
» à ces sacrifices nécessaires, je les vends
» aux blancs; et de tous les noirs qui sont
» envoyés à Grigwhi, les plus heureux
» sans doute sont ceux qu'on destine pour
» les Européens. *Nous boirons donc en-*
» *core de l'eau, se disent-ils avec joie,*
» *car les blancs ne nous tueront pas;*
» *et en servant nos nouveaux maîtres*
» *avec fidélité, nous pourrons vivre*

» *tranquilles, et nous mettre à l'abri*
» *de tout châtiment* ».

Ce discours du roi de Dahomé peut servir à donner une idée exacte de l'esprit du nègre, et prouverait en quelque façon que les mœurs et les usages de l'Afrique sont essentiellement inaltérables, parce qu'ils sont le résultat nécessaire du génie du peuple. On n'en doit pas cependant conclure qu'il serait impossible d'introduire la civilisation dans ce pays, sans employer la violence; car ce principe, s'il était juste, pourrait également s'appliquer à toutes les autres nations de la terre : et cependant l'expérience démontre le contraire.

A l'ouest du Dahomé est situé le territoire du Mahé, pays très-étendu, divisé en une infinité de petits états indépendans, qui se gouvernent par des lois particulières, et qui, au moindre danger d'une guerre étrangère, se confédèrent, et forment une espèce de république aristocratique.

Les Mahés sont des montagnards belliqueux, pleins d'audace et de courage;

mais on les dit méchans et même féroces.

Les peuples du Mahé ont soutenu, contre ceux du Dahomé et d'Eyeo, plusieurs guerres sanglantes, dont l'objet fut souvent de donner un roi à leur république, et quelquefois même de les exterminer entièrement.

En 1737, Bossa Ahaldy, roi de Dahomé, leur fit une guerre qui dura trente-cinq ans; il prétendait que la paix et la foi des traités ne seraient jamais garanties et assurées entre le Dahomé et le Mahé, tant que ce dernier état ne serait pas gouverné par un roi. Après avoir commis des dévastations incalculables, ce prince fut obligé d'abandonner son entreprise : le véritable motif de cette guerre était le désir qu'avait le roi de Dahomé d'élever à la souveraineté du Mahé le frère de sa femme qui était de ce pays.

A l'est du Dahomé se trouve la nation puissante des Tappas, voisins des Eyeos qui leur sont soumis, et ne seront jamais en état de secouer leur joug. Il y a encore peu d'années qu'une armée nombreuse d'Eyeos fut entièrement défaite par les Tappas, qui en firent un carnage épouvantable; quoique, suivant l'expression des Eyeos, *la peau de buffle eût été usée deux fois en levant leur armée.*

Ce pays semble être le *Bita* ou *Bitos*, que Léon cite comme un pays riche et industrieux, dans le voisinage de *Dauma* ou Dahomé, et de *Tenaumia* ou Tonouwah qu'on nomme aussi Tomian.

Melli et Cassina sont situés à l'est de Gago et de Houssa, suivant Rennel, qui pense avec Hartman, l'éditeur d'Edrisis, que Melli est le Lamlem du géographe nubien, et qu'il est ainsi nommé par une transposition de lettres très-ordinaire dans la langue arabe. Malel, qui peut bien être encore un synonyme de Melli, est indiqué par Edrisis, à douze journées au sud-ouest de Ghana, et dix au sud est de Berissa, qui n'est lui-même éloigné de Ghana que de douze journées vers l'ouest. Cette position s'accorde avec la distance de trente jours de marche que Cadamosto (*) assigne entre Tombuctou et Melli; mais Léon, en plaçant Melli à l'ouest de Gago, semble plutôt avoir voulu désigner le royaume de Kong. Il dit que les habitans du Melli sont très-riches, et beaucoup plus civilisés que toutes les autres nations nègres. Melli fut conquis, dans le siècle dernier, par le roi de Tombuctou. Cadamosto nous apprend que les caravanes de Melli vont faire le commerce de l'or à Maroc, par la route

(*) Cadamosto, un des premiers Européens qui aient fait des découvertes en Afrique, était italien, et servait le prince Henri de Portugal. En 1454, à l'âge de 22 ans, il partit de Venise pour exécuter le voyage dont il a donné la relation; il reconnut Sierra-Leone; et en 1456, il découvrit les îles du Cap-Vert. Ses voyages sont les plus anciens du moyen âge, qui présentent des détails exacts et des observations justes; car les relations des premiers navigateurs ne sont que des notes abrégées sans suite ni liaison. Cadamosto est le premier qui parle du commerce de l'or de Tombuctou et du Melli. On trouve l'ouvrage original dans la collection de Romasio. Le *Novus Orbis* de Grynée en contient une traduction latine, dans laquelle, par une étrange méprise, on date de 1504 l'époque où l'auteur est parti de Venise, quoiqu'il déclare lui-même qu'il était employé par le prince Henri qui mourut en 1463.

de *Hoden*; à Tunis, par *Toet* ou *Tuat*; et au Caire, par *Kokhia* ou *Kuku*. Il ajoute qu'on tire cet or, par un genre de trafic tout particulier, d'une nation éloignée qui vient l'échanger contre du sel, en le déposant à une certaine distance sans jamais se montrer. Le roi de Melli ordonna un jour à ses soldats de se cacher dans des fossés, et de s'emparer de quelques-uns de ces personnages invisibles; on en prit un de cette manière; mais il refusa opiniâtrement de parler et même de manger, et il mourut le quatrième jour. Ceux qui ont vu ces Nègres ont dit qu'ils étaient excessivement noirs, bien faits, et de six pouces plus grands qu'eux. Leurs yeux sont grands et noirs; leur lèvre inférieure, plus épaisse que le poing, tombe sur leur estomac; elle est aussi rouge que leurs gencives qu'elle laisse à découvert et qui semblent tout en sang; leurs dents sont extrêmement larges, sur-tout celles du fond de la bouche.

Au nord du Niger, et dans le parallèle du Melli, se trouve le Cassina ou Kashna, empiré puissant et très-étendu, qui comprend tous les cantons situés entre le Fezzan et le Niger, et auquel on a souvent donné, dans un sens limité, les noms de *Soudan* et d'*Affnou*, quoiqu'il s'applique en général à tout le pays des Nègres indistinctement. Ce pays est borné au nord par les montagnes d'Eyrès, qui le séparent du Fezzan, et à l'est par le Zanfara et le Bornou. Cassina, qui en est la capitale, est à cinq jours de distance du Niger, vers le nord, seize degrés vingt minutes de latitude nord, et onze degrés quarante-cinq minutes de longitude ouest. Edrisis ne parle pas de Cassina, qui sans doute, à cette époque, dépendait de Ghana ou Ghinny; tandis qu'à présent ce dernier ne forme plus à son tour qu'une province de l'autre. Lorsque l'empereur de Maroc eut réduit par ses conquêtes la puissance du Tombuctou, le Cassina passa long-temps pour l'empire le plus formidable de l'intérieur de l'Afrique : mais quoique le sultan de *Cassina* ou *Soudan* compte encore mille villes et villages dans toute l'étendue de ses états, il ne peut pas se flatter d'égaler en puissance l'empereur de Bornou, à qui il paie un tribut. Le territoire du Cassina se compose, en grande partie, de plaines d'une fertilité étonnante, entrecoupées de loin en loin de landes arides, où les rayons du soleil, réfléchis par le sable, embrasent l'air d'une manière si effrayante, qu'on croit être au milieu d'une immense fournaise. On y trouve cependant, en abondance, une plante odoriférente, qui ressemble beaucoup au thym sauvage d'Europe, et qui le surpasse en parfum. La surface du sol est assez généralement unie ; mais elle est couverte en quelques endroits de roches pelées qui s'élèvent à une hauteur considérable. Le terrain est sablonneux, et mélangé d'un terreau noir, extrêmement gras, et très-propre à la végétation, mais en même temps fort mal-sain. Les pluies y sont moins fréquentes que dans quelques autres cantons de l'Afrique; le sol produit avec profusion des féves et du maïs; on y cultive aussi une espèce toute particulière de blé d'Inde, qui est agréablement variée de rouge et de blanc. La ville de Cassina ne fournit pas de sel; mais les marchands du pays d'Agadèz, qui dépend du même royaume, en vont chercher une très-grande quantité à Dombou, et le portent dans le Bornou. Outre Cassina, on compte encore parmi les villes principales de cet empire, Ganatt, le *Cano* de Leon, qu'on a souvent pris pour Ghana, quoiqu'à cinq cents milles du Niger, vers l'est; Assouda, Agadèz qui est habitée par des mahométans, et Ghana ou Ghinny, qui dépend alternativement du Cassina ou du Wangara. Ganatt, située au milieu de sables stériles et brûlans, est à quatorze journées de Mourzouk dans le Fezzan, et dix-sept d'Assouda: suivant la description que nous en a donnée Léon, le territoire qui l'environne est montagneux et désert; cependant la ville est riche et bien peuplée, à cause de sa position avantageuse pour le commerce. Les murs et les maisons y sont construits en pierre blanche; c'est une espèce de craie qu'on trouve dans les montagnes voisines; cette ville paraît avoir été la capitale d'une province considérable, alternativement soumise au royaume de Zegzeg et à celui de Cassina. Lorsque le sultan de Tombuctou fit la conquête de ces deux états, il s'empara également du Cano. Assouda est à huit journées d'Agadèz; le pays qui les sépare est riant et fertile, et couvert de nombreux troupeaux qui paissent entre les champs de maïs. Agadèz, l'*Agadost* d'Edrisis, est une ville commerçante, grande et bien peuplée, située à environ quatre cent soixante-dix-neuf milles de Mourzouk, vingt degrés vingt minutes de latitude nord, et à deux cent vingt-neuf milles de Ghana ou *Ghinny*, dont nous avons déjà assigné la position. La caravane d'Agadèz traverse le vaste désert de Bilma, et arrive après quarante-cinq jours de marche aux lacs salés de Dombou, qui sont probablement les palus chelonides de Ptolemée. Cette caravane est composée de mille chameaux qui sont uniquement destinés à ce service, et sont accoutumés dès long-temps à cette route fatigante et périlleuse. Les marchands du Cassina exportent de la poudre d'or, des esclaves, du séné, du musc, des toiles de coton, des peaux de chèvre peintes, et des cuirs de bœufs et de buffles; ils importent des draps d'Europe, du fer, des chevaux, des cowris et des noix de gourou. En fait de draps, les couleurs tranchantes sont celles qu'ils recherchent le plus. Les habitans de Foullan, pays situé à l'ouest de Cassina, portent des étoffes chamarrées de diverses couleurs, comme les montagnards d'Écosse. La plus grande partie de la population du royaume de Cassina se compose de Nègres qui sont toujours attachés à leurs anciennes superstitions, quoique le roi et la plupart des chefs soient mahométans. Le gouvernement est entre les mains d'une seule tribu dominante qui paraît avoir soumis à sa puissance toutes celles qui l'environnaient et qui, dans le principe, en étaient indépendantes : delà vient cette différence de langage, de caractère et de mœurs, qu'on remarque entre les diverses tribus qui prêtent obéissance au sultan de Cassina. La succession au trône se règle par l'élection des principaux chefs qui ne choisissent cependant que dans la famille royale.

Le Fezzan, qui se trouve au nord du Cassina, dont il est séparé par des tribus de Tuaricks et de Tibbos, est un petit état arrondi, placé comme une île au milieu du désert et au centre d'un océan de sable; il forme une plaine assez étendue, environnée d'un cercle irrégulier de montagnes, qui laissent un passage vers l'ouest, où le pays communique avec le désert. Pendant l'été, la chaleur du climat est excessive, et presque insupportable même pour les naturels. Le vent du nord qui y règne pendant une grande partie de l'hiver, y rend le froid très-rigoureux. Le tonnerre ne s'y fait presque jamais entendre; cependant les ouragans y sont fréquens; ils transportent des montagnes de sable, et enlèvent des nuages de poussière qui donnent à l'atmosphère une couleur jaune et blafarde. Il n'y a pas une seule rivière dans le pays. Le sol, quoique d'un sable très-fin que les pluies n'arrosent jamais, présente cependant une végétation abondante, constamment entretenue par une infinité de ruisseaux souterrains, qui filtrent à travers les couches de sable, et reçoivent à chaque instant de nouvelles eaux des montagnes voisines. On y voit peu de blé; mais, en récompense, le pays produit une quantité considérable de maïs, ainsi que des melons, des carotes, des concombres, des oignons et de l'ail (*). L'orge y viendrait

(*) La partie fertile et cultivée du royaume du Fezzan a environ cent lieues de longueur du nord au sud et soixante-six de largeur de l'est à l'ouest; mais son territoire comprend encore le Harutcht à l'est, et d'autres déserts au sud et à l'ouest; il est borné au nord par des tribus d'Arabes qui dépendent de Tripoli; à l'est, par un désert; au sud et sud-est, par le pays des Tibbos; au sud-ouest, par celui des Tuaricks nomades; et à l'ouest, par des tribus d'Arabes errans.

très-bien ; mais l'apathie de ce peuple est un obstacle aux progrès de la culture. Les principaux arbres sont le dattier, l'aubépine et un autre arbrisseau assez ressemblant au petit olivier; ses fleurs sont jaunes, et il donne un bois dur, couleur de citron, dont on se sert pour faire des instrumens d'agriculture ; on cultive aussi dans le sud, du séné d'une qualité supérieure. Les endroits les plus sablonneux produisent une espèce de broussailles qui ressemble au genêt d'Espagne. Le chameau, la chèvre et le mouton à large queue, sont leurs animaux domestiques les plus ordinaires. Les chevaux sont rares, mais l'âne y est d'un service universel, on l'emploie à tout. Les bêtes sauvages du pays sont le buffle sauvage, la hyène, le tigre, le jackal, le chat sauvage, la gazelle, le lièvre, l'antelope, et une jolie petite espèce de daim, dont le poil est d'un blanc de neige, moucheté de rouge foncé : les Fezzanais prétendent que cet animal évite de se coucher à terre dans les endroits bourbeux et humides, de peur de salir sa peau. Parmi les oiseaux, on distingue l'autruche, le houbara, les perdrix et les cailles. On porte à plus de cent le nombre des villes et des villages qui composent le royaume du Fezzan. Mourzouk, qui en est la capitale, est entourée de murs; elle a sept portes; sa population est de dix-huit à vingt mille âmes; elle est à environ deux cent quatre-vingt milles de Misourate, et mille quarante de Tombuctou, à vingt-sept degrés vingt trois minutes de latitude nord, et quinze degrés trois minutes de longitude est. Germa ou Yerma, ville ancienne, dont il ne reste plus que les ruines, est à environ vingt-six degrés de latitude nord, et seize degrés vingt minutes de longitude est. Ces ruines attestent par leur grandeur le séjour que les Romains y ont fait. Cette ville se nommait alors Garama, d'où vient le nom de Garamantes, qu'ils donnaient aux habitans. On cite encore parmi ces villes Jockna, Gibba, Hun et Wadan vers le nord; *Zuéla* ou Zawila, Tenouwa et Temissa à l'est; Gatron ou Kattron, Mendrah et Teguerhy au sud. On remarque dans plusieurs de ces villes, des ruines nombreuses d'anciens édifices, dont les restes prouvent encore la splendeur passée du Fezzan. Le nombre et la profondeur des citernes, leur solidité, la construction hardie de voûtes souterraines, semblables à ces catacombes qu'on trouve souvent dans les chaînes de l'Atlas; tous ces monumens démontrent à la fois, et le degré de civilisation auquel ce pays était parvenu, et les révolutions qu'il a dû éprouver depuis cette époque. Le Fezzan est la région *Phazania*, conquise, suivant Pline, par Cornelius Balbus, qui s'empara également, dans l'intérieur de l'Afrique, des pays d'Allèle et de Cillaba, et obtint à son retour à Rome, les honneurs du triomphe. La province de Mendrah est totalement stérile; mais elle tire un grand avantage de la quantité considérable de natron qui se forme sur la surface de ses lacs fumans, et dont on se sert pour teindre les cuirs de Maroc. Les maisons des gens aisés, dans le Fezzan, sont d'argile mêlée de terre calcaire séchée au soleil; le toit en est fort bas; ce sont tout simplement des branches d'arbres qui les couvrent, et sur lesquelles on a étendu de la terre. En général, ces maisons sont très-mal bâties, et ne reçoivent le jour que par la porte. Les habitans de Tripoli regardent les Fezzanais comme les êtres les plus laids et les plus hideux qui soient au monde; en effet, ils tiennent moins de l'Arabe que du Nègre; leur couleur noire, leurs lèvres épaisses, leur nez presqu'écrasé, et la laine qui leur couvre la tête, indiqueraient suffisamment qu'ils sont de cette dernière espèce. Mais leurs traits et leur couleur varient suivant les lieux qu'ils habitent: ceux du nord ont le teint des Arabes; ceux des cantons méridionaux se sont mêlés avec les Tuaricks et les Tibbos, ils leurs ressemblent; ceux de la race indigène sont d'une taille ordinaire; leurs membres sont assez bien pris; mais ils n'ont ni force ni activité; ils ont le teint d'un brun foncé, les traits assez réguliers, et le nez un peu moins plat que le Nègre. La population du Fezzan monte à soixante-quinze mille âmes. Les habitans sont hospitaliers; et, s'il faut les en croire eux-mêmes, ils pratiquent le plus pur et le plus rigide mahométisme. Le peuple est sobre par nécessité; sa pauvreté ne lui permet pas de manger de viande; les riches seuls s'en régalent quelquefois. Le maintien et la démarche des Fezzanais indiquent une atonie générale, et un manque d'énergie absolu au moral comme au physique; l'insalubrité d'un air sans force, la misère générale du pays et la nature de leurs alimens, qui ne consistent qu'en dattes et en bouillie rarement assaisonnée d'un peu d'huile ou de graisse, concourent à la fois à la débilitation de l'individu. La race des Arabes, en s'alliant avec les Fezzanais dans la parties du nord et de l'ouest, loin de leur communiquer cette audace et cette industrie qui la distinguent par-tout, s'est, au contraire, abrutie elle-même par l'influence d'un sang que le climat appauvrit sans cesse. Leurs arts et leurs manufactures sont fort peu de chose. On ne trouverait pas à Mourzouk un artisan habile dans aucun genre ; on n'y voit d'ailleurs que des cordonniers et des forgerons ; ceux-ci, il est vrai, fabriquent indistinctement tous les métaux ; et le même ouvrier qui forge un fer pour le cheval du sultan, monte aussi les bagues qui doivent parer les doigts des sultanes. Les femmes font bien quelques étoffes de laine, appelées *abbés* ; mais on pourra se former une idée de la bonté de leur travail, quand on saura que la navette du tisserand leur est inconnue, et que la trame s'insère dans la chaîne à la main et fil à fil. Les Fezzanais aiment à voyager ; il en est qui traversent toute l'Afrique pour aller faire le commerce au loin ; mais la principale occupation du peuple est l'agriculture et le soin des troupeaux, quoiqu'ils ne soient pas fort avancés ni dans l'un ni dans l'autre.

L'habillement des naturels est à peu

près le même que celui des Maures ; il consiste en une chemise de toile de coton qui se fabrique au Caire, et sur laquelle on place l'étoffe nommée *abbé*. Les gens de la moyenne classe portent des robes de toile bleue faites dans le Soudan. Les riches et les mamelouks portent l'habit tripolitain, sur lequel ils mettent une chemise à la soudane. Les distinctions consistent dans la forme de la coiffure ou du turban et dans celle des bracelets qu'on porte aux bras et aux jambes. Les femmes du premier rang divisent leurs cheveux en sept longues tresses, liées avec des cordons de cuir doré, et ornées de bijoux ; elles placent encore sur le sommet de leur tête des cordons de soie auxquels elles fixent des bagues et des verroteries ; elles portent deux gros anneaux d'argent à chaque oreille.

Les Fezzanaises aiment beaucoup la danse et tous les genres d'amusemens ; quoique mahométanes, elles se permettent dans leurs jeux des manières lascives et des libertés qui étonnent toujours le voyageur mahométan et déconcertent souvent sa gravité.

Les hommes sont très-adonnés à la boisson; leurs liqueurs sont le *lugibi* qu'ils font avec le jus frais du dattier, et le *busa* qu'on tire des dattes fermentées ; cette boisson est très-capiteuse : des amis réunis passent la soirée ensemble, en s'amusant à boire; quelquefois on envoie chercher une *kadanka* (*), ou chanteuse, c'est un mot sou-

(*) Ces filles chantent en langue soudane ; elles s'accompagnent d'un instrument nommé *rhababe* : c'est un demi-globe concave fait d'un fruit de l'espèce de la gourde, couvert de cuir, et auquel on adapte un long manche; on y fixe un seul crin de la grosseur d'une paille, et l'on joue de cet instrument avec une espèce d'archet. Voici ce que raconte Horneman d'une de ces parties de plaisirs dont il a été le témoin : « Je fus un jour d'une petite fête que donnait Si-
» di Mintesser, frère du sultan, dans une maison de plai-
» sance peu éloignée du palais; il y fit venir une kadanka,
» avec laquelle il ne tarda pas à disparaître. Lorsqu'ils re-
» joignirent la compagnie, quelqu'un demanda à cette
» femme, avec un sourire malin, où elle avait été : elle
» prit aussitôt son instrument et s'accompagna en chantant
» en langue arabe : *Sidi Mintesser est plus doux que les*
» *eaux du Nil, mais il est encore plus doux dans ses*
» *embrassemens ; comment aurais-je pu lui résister ?* »
Ces paroles improvisées étaient encore animées par des gestes expressifs et des attitudes voluptueuses. Les femmes de

dan qui répond à *almé*, nom qu'on donne au Caire, aux femmes de la même classe. La plupart des maladies des Fezzanais (*) sont putrides ou adynamiques ; ils ont plus de confiance pour leur guérison dans la vertu de leurs amulettes que dans les secours de la médecine. La saignée leur est entièrement inconnue; au milieu d'un air sans ressort, le climat cause peu de maladies inflammatoires, ce qui rend cette opération inutile. La chirurgie n'est pas plus avancée

cette sorte sont en bien plus grand nombre à Mourzouk que partout ailleurs, par un effet de la liberté illimitée dont le sexe jouit dans cette ville, et de la misère où les réduit leur paresse naturelle et l'influence du climat.

(*) Les habitans du Fezzan sont exposés à plusieurs maladies vénériennes; la plus terrible est celle qui vient du Soudan; ils appellent *franzi* ou mal franc la *lues venerea* ordinaire ; mais une observation fort étonnante et dont les résultats peuvent devenir infiniment utiles par la suite, c'est qu'un homme n'a jamais ces deux maladies, l'une après l'autre, dans le cours de sa vie; elles sont donc l'une à l'autre un préservatif réciproque. Les habitans guérissent ces maux avec des sels et du fruit de *handal* ; ils lavent les ulcères avec une dissolution de nitre, et ces remèdes suffisent ordinairement pour opérer la guérison, à moins que la maladie ne soit très-invétérée.

chez eux que la médecine ; on dit cependant qu'il existe à Mourzouk des gens capables de guérir une fracture. En général, les habitans recherchent la chaleur et redoutent le froid ; ils se font un plaisir de se tenir aux rayons brûlans du soleil, en plein midi ; et l'on ne dit pas qu'il en soit jamais résulté aucun accident ; lorsqu'un Fezzanais rencontre un de ses amis, et qu'il s'informe de l'état de sa santé, il lui demande *s'il n'a point froid.*

Le gouvernement du Fezzan est monarchique ; le pouvoir du sultan est sans bornes.

La famille régnante descend de celle de Taphilet qui fit la conquête du Fezzan, il y a plus de cinq cents ans. Depuis cette époque, jusqu'au milieu du dix-huitième siècle, ce royaume avoit toujours conservé son indépendance ; mais il fut subjugué en 1750 par le basha de Tripoli qui lui imposa un tribut annuel de cinq cents esclaves et de cinquante livres de poudre d'or. Le basha s'intitule encore *roi* du Fezzan ; mais le tribut annuel que ce pays devait lui payer, se trouve réduit à un simple présent qu'on lui apporte à certaines occasions, ou qu'un officier de la régence vient chercher à Mourzouk. Le sultan actuel se nomme Muhamed-ben-sultan-Mansur. Ce titre est gravé sur un grand sceau qu'il appose au bas de tous les actes qui émanent de son autorité; mais lorsqu'il écrit au dey de Tripoli, il se sert d'un plus petit cachet qui porte le titre modeste de sheik au lieu de celui de sultan. Les revenus du prince se composent des droits perçus sur les marchandises, des taxes établies sur les villes, les villages, les jardins et les champs de dattiers, et enfin d'amendes et de réquisitions pour la plupart arbitraires. Les esclaves chargés de la perception de ces impôts sont injustes et oppresseurs, mais aussi très-faciles à corrompre. La caravane du Caire paye de six à huit dollars par charge de chameau; celles du Bornou et du Soudan payent un droit d'environ six pour cent par esclave mis en vente. Le sultan a de plus un revenu territorial provenant des domaines de la couronne, tels que salines, lacs natrans, forêts et jardins ; et souvent il augmente encore ses richesses en envoyant piller les Tibbos de la tribu de Burgu, ses voisins.

Le cadi et les principaux officiers de l'état ont l'usufruit de certaines forêts de dattiers et de quelques jardins. Les princes de la famille royale vivent du revenu d'un territoire particulier qui leur est spécialement affecté, d'une certaine quantité de blé que le sultan leur fait délivrer de ses magasins, et des exactions qu'ils se permettent sur le peuple. La poudre d'or est le signe représentatif de leur commerce. L'état n'entretient pas de troupes en temps de paix ; mais on croit qu'il peut lever rapidement, au premier besoin, environ vingt mille hommes en état de porter les armes. Le sultan a pour sa garde un corps de mamelucks et de noirs armés de fusils et de lances. Le palais du sultan est situé dans l'enceinte du château de Mourzouk, qui est une espèce de forteresse. Il y vit retiré, sans autre compagnie que celle des eunuques qui le servent. Son harem est contigu au palais; mais il n'y entre jamais: il se fait amener la femme qu'il désire. La sultane, d'après les usages de l'empire, doit être de la famille des shérifs de *Wadan* ou de *Zuila*. Le harem est composé en outre d'environ quarante esclaves qui sont souvent vendues et remplacées par d'autres, lorsqu'elles sont stériles ou qu'elles n'ont pas le talent de plaire au sultan.

Une partie du château est occupée par les officiers chargés de l'administration des affaires publiques : un corridor long et étroit conduit de cet endroit à une porte qui donne dans l'appartement particulier du sultan. Cette porte s'ouvre trois fois par jour au son des timbales. Ceux qui se présentent sont introduits par ce long passage entre deux hayes d'esclaves qui répètent sans cesse: « *Dieu prolonge la vie du sul-* » *tan!* » Le prince est assis sur son trône, qui n'est autre chose qu'un vieux fauteuil élevé de quelques degrés. La personne introduite s'avance humblement, baise la main du sultan, la porte ensuite à son front, et se met à genoux. C'est dans cette position qu'il lui est permis d'exposer sa demande; mais on ne doit pas oublier de répéter à la fin de chaque phrase : *Dieu prolonge ta vie! Dieu protège ton pays!* Il est d'usage en se retirant, de laisser un présent aux pieds du trône. Le sultan ne sort guère de l'enceinte du château que les vendredi et les jours de fêtes solennelles.

Le cadi est chargé de l'administration de la justice. La loi de Mahomet et les anciens usages dirigent toujours ses jugemens. Mais dans les cas criminels que le *Coran* n'a pas prévus, il prononce d'après son opinion, ou bien il soumet l'affaire à la décision du sultan. Depuis que la dynastie actuelle est sur le trône, la dignité de cadi s'est toujours conservée héréditairement dans la même famille. Dès que la place vient à vaquer, le sultan choisit parmi les parens du prédécesseur l'individu le plus distingué par ses connaissances, ce qui se réduit ordinairement à savoir lire et écrire. Le cadi est en même temps le chef des prêtres, ce qui lui donne une grande influence sur le peuple: après lui, le premier en dignité est l'*imank-bir* ou grand iman. Les principaux officiers de la couronne sont ensuite le *kaledyma* ou premier ministre, le *keijumma* ou second ministre, et le général de ses troupes: les deux ministres doivent être nés libres; mais leur titre leur donne peu d'autorité. Tout le pouvoir est entre les mains des mameloucks, qui sont pour la plupart d'origine européenne.

Le costume du sultan, les jours de cérémonie, consiste en une longue chemise blanche, dite *à la soudane*, brodée en or ou en argent, sous laquelle il porte la veste de Tripoli; mais la distinction la plus remarquable, est celle de son turban qui a plus de trois pieds d'étendue, et près de cinq de circonférence. Le Fezzan est séparé des états dépendans de Tripoli, par le désert affreux du Soudah dont le sol ne produit, sur toute la surface, qu'une espèce de genêt rabougri.

Gadamis est un oasis beaucoup moins étendu; il est situé au nord-ouest du Fezzan, à environ trente-deux degrés de latitude nord, vingt-quatre jours de marche au sud de Tunis, et quarante-huit au nord d'Agadèz dans le Cassina; il se trouve quelquefois tributaire de Tripoli; mais il dépend plutôt de Tunis. Le sol en est aride; il produit cependant beaucoup de dattes, mais presque point de blé. Les animaux domestiques du pays, sont les chameaux et les chèvres. Les Gadamiens font un commerce considérable avec les Nègres, par les routes du Fezzan, de Tabou et de Tuat, autre oasis situé à vingt jours de marche, vers le sud-ouest de Gadamis. Morgan rapporte avoir entendu dire à un Gadamien, qui se trouvait avec lui à Alger, que ses compatriotes parlaient l'ancienne langue des Africains, et qu'il existait à Gadamis une fontaine remarquable par ses eaux alternativement chaudes et froides, et semblable à celle que Lucrèce et Pline placent dans le pays des Garamantes. Gadamis contient, ainsi que le Fezzan, une infinité de ruines anciennes où l'on reconnaît le génie des Romains. Au nord du Fezzan, est le désert de *Sort*, qui se prolonge jusqu'à celui de Barca : la caravane du Caire, composée de près de trois cents voyageurs, traverse ce dernier désert pour se rendre à Moursouk d'où elle ne revient que vers la fin d'octobre. Ce voyage qui est de sept cent soixante-dix milles, dure cinquante-trois jours, et se fait à travers les montagnes de Xanibba, de Ziltan et de Sibbeel, jusqu'à Augila (l'*Œgila* d'Hérodote, l'*Augila* de Ptolemée et de Pline), à vingt-neuf degrés vingt minutes de latitude nord : d'*Augila*, après avoir dépassé la chaîne aride du *Gerdobah* (le Catabathmus des anciens) qui sépare Cyrène de Marmarica, la caravane arrive en sept jours à la vallée sablonneuse de Gegabid, extrêmement fertile en dattes. Comme le pays est inhabité, ces fruits sont recueillis par les peuples de Derna (l'ancien Dernis) situé sur le bord de la mer, à environ cent trente milles de là.

Hérodote rapporte que, de son temps, les Nasamones étaient dans l'usage d'abandonner leurs troupeaux sur la côte, à une certaine époque, pour aller ramasser les dattes dans les plaines d'*Œgila*.

Au sud, se trouve le grand désert de Libye occupé par un peuple nomade, appelé *Lebéta* ou *Lévata*; ce sont les Libyens des anciens. Les Grecs donnaient à l'Afrique en général le nom de ce peuple qui sans doute occupait les côtes de Cyrène, lorsqu'ils formèrent des colonies dans ce pays. M. Park a rencontré quelques bandes vagabondes de cette nation, qu'il nomme *Libey* : ces peuplades errantes ressemblent beaucoup à ce qu'on appelle en Europe, *Égyptiens* ou *Bohémiens*.

Le Tibesti est un canton montagneux, au sud-est du Fezzan, dont il est séparé par un désert totalement stérile de plus de deux cents milles.

Les vallées du Tibesti sont fertiles en blé, et les hauteurs produisent d'excellens pâturages. Ses chameaux sont regardés comme les meilleurs de l'Afrique.

Il pleut rarement dans le Tibesti; mais ce défaut y est compensé par une infinité de ruisseaux qui fertilisent le sol. Les habitans sont grossiers et féroces. A l'abri de toute attaque, au milieu de leurs montagnes, ils fatiguent et harassent leurs voisins par des hostilités et des attaques continuelles. Ils font un peu de commerce avec le Fezzan; ils vont y vendre du séné et des chameaux; mais comme ils insultaient souvent les caravanes qui se rendaient de ce pays dans le Borneu, le roi du Fezzan s'est enfin déterminé à envoyer contr'eux un corps de quatre mille hommes qui, après un combat opiniâtre, est parvenu à les réduire; ces montagnards intimidés par les armes à feu des Fezzanais, auxquelles ils n'étaient pas accoutumés, se soumirent entièrement; ils s'engagèrent même à payer un tribut annuel de vingt charges de chameaux, en séné; mais, après le départ de l'armée, ils se dispensèrent d'y satisfaire; toutefois ils n'osèrent plus attaquer les caravanes. Il y a quelques mahométans dans le Tibesti. Ce canton est habité par une tribu de Tibbos.

Tout le pays qui borne le Fezzan à l'ouest, au sud et au sud-ouest, est habité par différentes tribus de Tibbos; la même race occupe également le territoire qui s'étend depuis le Fezzan jusqu'au grand désert qui confine à l'Égypte. Les premiers endroits habités que l'on rencontre au nord des Tibbos, sont Augila et Siwah. Le pays est borné au sud par des tribus d'Arabes errans; et à l'ouest, au-delà du Fezzan, par les Twaricks.

Les Tibbos ne sont pas tout à fait noirs; ils ont la taille élancée, le corps bien fait, la démarche vive et légère, les yeux animés et expressifs, les lèvres épaisses, mais le nez assez bien; leurs cheveux quoique moins frisés que ceux des Nègres, ne sont pas pourtant fort longs. Les Tibbos paraissent avoir de l'esprit naturel; mais leurs superstitions et la férocité des nations barbares qui les environnent ne leur laissent aucun moyen de développer cet heureux germe. On les accuse d'être méfians et trompeurs ; c'est sans doute en fréquentant les Arabes à qui ils vendent des esclaves, qu'ils auront contracté ces vices. Les Fezzanais n'oseraient pas voyager seuls avec eux, ils craindraient d'être assassinés pendant la route. Le langage des Tibbos est un dialecte particulier, qui se prononce avec une rapidité extraordinaire. Leur habillement consiste en peaux de mouton qu'ils portent du côté de la laine pendant l'hiver, et du côté de la peau pendant l'été ; mais lorsqu'ils voyagent et particulièrement lorsqu'ils vont au Fezzan, ils s'habillent en longues chemises bleues comme les Bornouans. Ils s'enveloppent totalement la tête d'une pièce d'étoffe d'un bleu foncé, de manière qu'on ne leur voit que les yeux. Ils portent une lance de six pieds de long, et un couteau de quinze à vingt pouces, qu'ils attachent au bras gauche un peu au-dessus du poignet.

Les Tibbos sont divisés en plusieurs tribus parmi lesquelles on distingue celles des

Tibbos de Bilma, des Tibbos Reschadé ou Tibbos Rochers, et des Tibbos de Burgu.

La tribu des Tibbos de Bilma, dont le chef réside à Dyrke, à environ une journée de Bilma, ayant envahi ce district qui était autrefois occupé par des Nègres, forme actuellement une race d'hommes très-mélangée. Cependant, on observe que les habitans de Bilma ont plus particulièrement les traits caractéristiques du Nègre, tandis que ceux de Dyrke ont mieux conservé les marques distinctives de la race des Tibbos. Cette tribu fait le commerce du Bornou par petites caravanes de six ou de huit marchands. Ils sont mahométans; mais ils ne se piquent pas d'être stricts observateurs de la loi.

Les Tibbos Reschadé ou Rochers sont ainsi appelés parce que leurs maisons sont bâties sur des rochers. Ces peuples vivent, pour la plupart, dans des cavernes : ils ont aussi des huttes de jonc, qu'ils habitent l'été. Le chef de la tribu réside à Abo; ils ont encore plusieurs autres villes, dont la plus grande est Tibesti. Les Tibbos Reschadé vont aussi en grand nombre dans le Fezzan, et alors ils s'habillent comme les Twaricks; il y en a cependant qui gardent leur peau de mouton, et Horneman en a vu plusieurs à Mourzouk qui n'étaient pas autrement vêtus. Ils passent pour meilleurs musulmans que ceux de Bilma.

Les Tibbos de Burgu sont encore payens; leur pays abonde en dattes, en blé et en pâturages. Les habitans du Burgu ayant pillé, en 1798, une caravane de Fezzanais qui revenait du Begarmi à Mourzouk, le sultan du Fezzan envoya une petite armée sur leur territoire, pour tirer vengeance de cette injure. Cette armée, composée de trente-deux hommes de cavalerie, de soixante-dix Arabes à pied, et d'environ deux cents Tibbos Reschadé, se rendit de Mourzouk à Gatron, qui est au sud de cette ville, traversa Fregherie, Abo et Tibesti vers l'est, et arriva à Burgu après un voyage de deux cents lieues dans un pays ennemi, et loin de tout secours, sans éprouver dans sa marche la moindre résistance. Ces troupes enlevèrent environ deux cents personnes, qui furent presque toutes vendues et traitées avec la plus grande barbarie.

A l'est du Burgu, on trouve Arna, ville principale d'une autre tribu de Tibbos. Au sud sud-ouest d'Augila, sont les Febabos, peuple faible et pauvre, continuellement exposé aux déprédations des Arabes du Bengasi, qui, de concert avec les Augilans, font tous les ans des incursions sur leur territoire, pour y enlever des hommes et les récoltes de dattes.

Les tribus de Tibbos qui s'étendent le plus vers le sud, sont nomades; elles occupent le *Bahr el Gazel;* c'est une vallée longue et fertile, située à sept journées au nord du Bégarmi.

Le territoire qui s'étend plus loin à l'ouest et au sud du Fezzan, est occupé par les Twaricks, peuple puissant qui se divise en plusieurs tribus: vers l'ouest, leur pays se prolonge jusqu'au Bornou; au sud, jusqu'au Soudan et Tombuctou; au nord, il est borné par une partie du Fezzan et par les Arabes qui vivent dans le désert situé au sud de Tripoli, de Tunis et d'Alger; à l'ouest, il confine au grand empire de Fez et de Maroc, dont on trouve quelques colonies à Sockna dans le Fezzan, ainsi qu'à Augila et à Siwah, où l'on ne parle que la langue twarique.

Les diverses tribus de Twaricks parlent toutes le même langage; mais elles varient beaucoup par la couleur et la manière de vivre. Les Twaricks de Kolluvi et ceux d'Hagara sont d'une taille moyenne; leur marche est vive et assurée; ils ont le regard fier et l'air martial. Si les dispositions naturelles de ce peuple étaient développées par les avantages de la civilisation, il deviendrait peut-être une des plus grandes nations de la terre. Les tribus occidentales sont blanches, autant que peut le permettre la nature du climat. Celles qui s'étendent jusqu'à Asben, et qui ont conquis l'Agadèz, s'étant mêlés avec les naturels, ont le teint plus foncé: il y en a même de tout à fait noirs; mais leurs traits, en général, n'ont rien qui approche de ceux des Nègres. Les tribus de Hagara et de Matkara ont le teint jaune comme les Arabes; celles qui avoisinent le Soudan sont entièrement noires. L'habillement des Twaricks consiste en une grande culotte bleue et une courte chemise de la même couleur, avec de larges manches qui se rattachent derrière le dos, et laissent les bras nuds; ils s'enveloppent la tête d'une étoffe noire, qu'on prendrait de loin pour un casque, et qui leur couvre la figure de manière qu'on leur voit à peine les yeux. Comme ils sont mahométans, ils se coupent les cheveux, à l'exception d'une seule touffe qu'ils conservent sur le sommet de la tête, et qui semble une aigrette au-dessus de l'espèce de casque formé par la pièce d'étoffe noire. Ils portent au milieu du corps une ceinture brune; ils attachent à plusieurs cordes qui descendent de leurs épaules, un livre de l'*Alcoran*, enveloppé dans un petit sac de cuir, et une rangée d'autres petits sacs contenant des amulettes. Ils ont toujours à la main une petite lance d'environ cinq pieds de long, parfaitement bien travaillée. Sur le haut du bras, au-dessus du coude gauche, ils portent la marque distinctive de la nation, c'est un gros bracelet de corne ou de pierre noire. Par dessus leur habillement, ils mettent une longue épée en bandoulière. Les marchands portent des armes à feu en voyage; les autres ne se servent que de l'épée, de la lance et du couteau, qu'ils attachent au bras gauche, comme les Tibbos; mais ils en travaillent le manche avec beaucoup plus d'art, car ils savent donner au cuivre un poli aussi brillant que les meilleurs ouvriers européens, et c'est un secret qu'ils cachent fort soigneusement. Ils commercent avec le Soudan, le Fezzan et le Gadamis. Leurs caravanes rendent très-vivant le séjour de la ville de Mourzouk, qui sans elles serait souvent un vrai désert.

Les Twaricks ne sont pas tous mahométans; la tribu de Tagamas, située dans le voisinage du Soudan et du Tombuctou, est composée d'hommes parfaitement blancs, qui sont encore payens, ce que les Arabes appellent *nazari* : c'est peut-être ce qui a donné lieu à une erreur grossière dans laquelle sont tombés plusieurs savans, en annonçant qu'il existait des chrétiens blancs dans le voisinage de Tombuctou. Le mot *nazari*, qui signifie chrétiens, est aussi, comme nous l'avons déjà dit, l'expression dont se servent les Arabes mahométans pour désigner les infidèles, les payens, ou même les Européens. Voilà sans doute l'origine de cette fable.

La plupart des Twaricks de l'est mènent une vie errante; cependant, à l'époque de leurs marchés, ils se réunissent autour de leurs villes, qui consistent en vingt-cinq ou trente maisons tout au plus; ils s'y établissent en grand nombre sous des tentes de cuir, dont l'ensemble forme un aspect assez pittoresque. Il se fait, dit-on, dans ces espèces de foires un commerce considérable.

Berdoa, à l'est du Tibesti, est, suivant Léon, à cinq cents milles du cours du Nil.

Les habitans vivaient autrefois en bonne intelligence avec les Gadamiens, tandis qu'ils étaient ennemis implacables des Fezzanais. Léon rapporte qu'environ dix-huit ans avant l'époque où il écrivait son histoire d'Afrique, un aveugle qui conduisait les caravanes à travers le désert, était parvenu, en flairant le sable sur le sol où il passait, à faire découvrir trois villes dans une oasis jusqu'alors inconnue. A quarante milles de distance de ce canton, il annonça qu'on n'était plus loin d'une terre habitée. En effet, la caravane ne tarda pas à rencontrer un pays fertile et cultivé. Les naturels, qui se croyaient peut-être seuls sur la terre, étonnés et effrayés à la vue de ces étrangers, se cachèrent dans leurs maisons; les marchands se désaltérèrent, et après avoir rempli leurs outres, continuèrent leur route.

Zegzeg, Kuar et Bornou, situés au sud-est, sont séparés du Fezzan, du Tibesti et du Berdoa, par les déserts brûlans de Berdoa et de Bilma ou Bulma. Dans ces régions affreuses, le souffle empesté du *Simoum* fait mourir sur-le-champ les animaux et les plantes; et le voyageur consterné n'entend que le sifflement du vent qui interrompt par intervalle le silence épouvantable du désert; ce vent impétueux entraîne avec lui les corps inanimés des oiseaux qu'il a suffoqués, et les emporte, en traversant ce désert, loin du pays où ils existaient.

Zegzeg, inconnu aux modernes, se trouve placé, suivant Édrisis et Léon, à vingt-un degrés de latitude nord dans le même parallèle que Germa dans le Fezzan; du temps de Léon, la ville de ce nom était la capitale d'un royaume considérable qui fut soumis par Izchia, roi de Tombuctou. Son territoire, composé de plaines et de montagnes, était extrêmement fertile, et très-bien arrosé par des ruisseaux sans nombre. Ce peuple alors s'enrichissait par le commerce qu'il faisait avec toutes les nations qui l'environnaient.

Kuar ou Kawar, au nord du Bornou, s'étend vers l'est, jusqu'à Al-Wahat (l'*Al-guechet* de Léon), province occidentale de la haute Égypte. Ses principales villes sont Maderam, Iza, Izer et Tamalma; la dernière est située à douze journées de Matthan capitale, du Bornou.

Le vaste empire du Bornou occupe l'espace immense qui se trouve entre la Nubie, le Cassina, le Fezzan et le Sennaar. Les mahométans du Sennaar mettent cet état au nombre des quatre plus puissantes monarchies du monde; les trois autres sont la Turquie, la Perse et l'Abissinie. Le souverain de Bornou est plus puissant que l'empereur de Maroc; il se parle dans ses états plus de trente langages différens. Bornou est le Kanem d'Édrisis; les naturels l'appellent Bornou; mais les Arabes, qui croient que l'arche de Noé, après le déluge, s'est arrêtée sur les montagnes de ce pays, le nomment *Bernou* ou *Bernoa* (terre de Noé.) *Matthan* ou *Matsan*, capitale du Bornou, est à vingt-quatre degrés trente-deux minutes de latitude nord, et vingt-deux degrés cinquante-sept minutes de longitude est, à six cent soixante milles de Mourzouk, et cinq cent vingt-quatre de Dongola sur le Nil. Arigimi ou Gimi, une des villes de cet empire, sur les frontières de la Nubie, est à huit journées de Matthan. Kanem est la capitale d'une de ses provinces, au nord-ouest du côté du Fezzan. Les fameuses tribus arabes de Bonaish et Duhassin occupent les déserts qui sont au nord-ouest du Bornou ; ils recueillent les dattes que produisent les endroits les moins stériles, et ils se chargent quelquefois du transport des marchandises. Le pays est uni et peu élevé; le sol est passablement fertile, quoique coupé en beaucoup d'endroits par des lisières de sables arides ; il produit du riz, du maïs, des féves, du coton, du chanvre et de l'indigo. Les dattes sont rares dans le Bornou ; mais les raisins, les abricots, les grenades, les citrons et les melons y viennent en grande abondance. Parmi les productions indigènes, on compte *le Kedeymah* qui ressemble par la forme et la hauteur de son tronc à l'olivier, et par sa feuille au citronnier. Cet arbre produit une noix dont l'amande est un fruit très-recherché; on extrait de la coquille une huile qui remplace très-bien l'huile d'olive. Les animaux domestiques du Bornou sont le mouton, la chèvre, le chameau, le cheval, le buffle et généralement toutes les bêtes à cornes. Les essaims d'abeilles y sont très-nombreux. Les animaux sauvages sont le lion, le léopard, le loup, le renard, le chien sauvage, la civette, l'éléphant, le crocodile, l'hippopotame et la girafe. Les maisons, dans les villes du Bornou, sont bâties en pierre et en argile, mais elles ne sont pas disposées dans un ordre régulier. Matthan, qui en est la capitale, est plus grande que Tripoli; elle est entourée d'un fossé profond et d'une forte muraille qui a quatorze pieds de haut. Les habitans sont noirs, mais leurs traits n'ont aucun rapport avec ceux des Nègres; ils sont forts et patiens; ils paraissent taciturnes et beaucoup moins industrieux que les naturels de Houssa. Ils n'aiment que les femmes grandes et fortes, tandis que les Nègres du Soudan préfèrent celles qui ont des formes délicates. La seule nourriture du peuple est une pâte faite avec de la farine et de la viande hachée. La boisson ordinaire est une espèce de bière très-nourrissante. Les naturels sont humains et hospitaliers. Ils partagent les travaux des champs avec leurs femmes; leurs principaux amusemens sont les *dames* et les *échecs*. Le mahométisme est la religion du souverain et de la tribu dominante; mais la plus grande partie du peuple conserve encore les préjugés de ses pères, auxquels il tient fortement. Le roi est élu par trois des principaux chefs; mais, comme dans le Cassina, leur choix ne s'écarte jamais de la famille royale. Aussitôt qu'ils ont désigné un successeur, ils conduisent le nouveau souverain, dans un silence religieux, vers le lieu où le corps de son prédécesseur attend la sépulture, et, lui rappelant avec éloquence les vertus qui ont honoré sa vie, et les fautes qui ont pu ternir l'éclat de son nom, ils terminent en

disant : « Vous voyez devant vous la fin de
» votre carrière mortelle : le sort éternel
» qui vous attend sera heureux ou malheu-
» reux, suivant que votre règne vous au-
» ra mérité les bénédictions ou les malé-
» dictions de votre peuple. » Cet usage a
quelque ressemblance avec l'ancien tribu-
nal de la mort, en Égypte.

La force militaire du Bornou consiste
dans une nombreuse cavalerie, armée du
sabre, de la lance et de l'arc. Les armes à
feu n'y sont pas entièrement inconnues;
mais il serait trop difficile de s'en procurer. Lorsque le sultan entre en campagne,
il fait placer un dattier sur le seuil d'une
des portes de la ville; il ordonne à ses cavaliers d'y entrer l'un après l'autre, et il
juge son armée suffisamment nombreuse
lorsque l'arbre est usé par le milieu. Les
articles de commerce qui s'exportent du
Bornou sont de la poudre d'or, des esclaves, des chevaux, du sel, du musc et du
cuivre; ce dernier objet y est très-abondant. Une certaine quantité de ce métal est

la mesure nominale qui sert à fixer le prix de toutes les denrées.

Le Zanfara est situé entre le Bornou, le Cassina, le Zegzeg et le Wangara, à environ cinquante journées de Tombuctou. Léon dit le pays très-fertile. Le peuple est extrêmement grossier; il a les traits et la couleur du Nègre. Dans le dix-septième siècle, ce pays fut un des points les plus importans du commerce de l'or.

Le Wangara (le Guangara de Léon et le Vangara d'Édrisis) fut également fameux autrefois par le commerce de l'or; et dans le dix-septième siècle, les Français établis à Galam en entendirent souvent parler à des marchands nègres, venus de ce pays, qui vantaient beaucoup ses richesses. Les Arabes le nomment *Belad al Tibr* (le pays de l'or). Édrisis et Ibn al Wardi disent qu'on y trouve l'or dans le sable, après des inondations périodiques. Léon assure qu'on le tire de la partie méridionale, qui paraît être bornée par la chaîne des montagnes du Kong. Une partie de l'or du Wangara se porte à la Côte-d'Or, où il est échangé contre des marchandises européennes. Ce pays est borné à l'ouest et au nord-ouest par le Melli et le Cassina, et à l'est et au sud-est par le Zanfara et le Bornou. Édrisis et Ibn al Wardi prétendent que le Wangara a en longueur trois cents milles d'Arabie (à cinquante-six milles et demi au degré), et cent cinquante en largeur. Ce pays se trouve entre les deux branches du Niger, qui le coupent en différens endroits, et l'inondent tous les ans, ainsi que le territoire de Ghana, de la même manière que les eaux du Nil couvrent la Basse-Égypte. Édrisis dit qu'il existe trois grands lacs d'eau douce dans le Wangara, et un autre en *Ghana*, Ghinuy ou Guinée; ce sont probablement les bassins ou réservoirs qui reçoivent les eaux débordées du Niger pendant la belle saison, et où elles se dissipent en s'évaporant aux rayons du soleil. La grande étendue de ces lacs permanens, et sur-tout celle du pays qui se trouve couvert par les inondations périodiques, semblent avoir fait naître l'idée d'une mer méditerranée au centre de l'Afrique. M. Beaufoi et M. Matra sont tombés dans cette erreur et, pour prouver l'existence d'une semblable mer, ils ont recueilli et produit le témoignage d'une infinité de marchands maures, qui avaient vu le pays sans doute aussi superficiellement qu'eux.

Du temps de Léon, le roi de Wangara entretenait sur pied un corps de sept mille archers et de cinq cents cavaliers. Toute cette partie de l'Afrique se trouvait alors continuellement ravagée, d'un côté par les armées du Tombuctou, et de l'autre par celles du Bornou. Les principales places du Wangara désignées par Édrisis, sont Ghanara, Reghebil, à onze journées de Ghanara vers l'est; Sekzmara, peut-être le Mekzara dont parlent les marchands noirs qui se rendent à la Côte-d'Or; cette ville est à dix-huit journées de Ghanara à l'est, et six de Reghebil au nord; Sémégonda à huit journées de Sekzmara, et neuf de Reg, hebil. A dix journées à l'est de Sémégonda, se trouve le Kauga, qui, suivant Édrisis, est voisin du Guin ou Niger. Ainsi, ce fleuve, après avoir traversé Houssa, à sept cent milles est de sa source au-dessus du Manding, continue par Sala, Tocrur et Berissa, jusqu'à Ghana, qui est à cinq cents milles à l'est d'Houssa; et, après avoir inondé le Wangara, il passe par le Kauga, à six cent soixante milles est de Ghana, en décrivant dans son cours une ligne de dix-huit cent soixante milles. Le Wangara est sans doute le *Panagra* de Ptolemée, avec ses lacs permanens (*Libya palus*). Le *Nuba Palus* n'est autre chose que le lac de Kauga, qui reçoit les eaux des rivières qui descendent du sud-est, de l'est et du nord-est, au nombre desquelles sont le *Kuku* et le Wad-el-Gazel du Bornou, (le *Gir* de Ptolemée.)

Le Maczara d'Édrisis (*), ou plutôt

(*) Édrisis (Abou Abdallah Mahomet) composa sa *Géographie* en Sicile, en 1153; il donnait dans cet ouvrage la description d'un grand globe terrestre, fait pour Roger, roi

Maczarat al Soudan (l'habitation ou le pays des noirs), comprend Tocrur et l'île d'*Ulil*; ce terme n'est, à ce qu'il paraît, qu'une épithète générale, par laquelle on désigne le pays des noirs, comme on dit *Belad al Abiad* ou *Belad al Soudan*.

Ulil (l'*Oulili* d'Ibn al Wardi) est, suivant cet écrivain, la capitale du Soudan. Rennel suppose que c'est la même chose que *Walet*, capitale du Birou; mais il est plus probable que cette île se trouve dans le Wangara ou dans la province de Ghana, que le Niger couvre périodiquement de ses eaux. En observant avec attention, il paraît évident que c'est le *Havila* ou *Ha-uila*, dans la terre de

de Sicile et de Calabre; c'est de là qu'on a souvent appelé cet ouvrage *le Livre de Roger*. On nomme l'auteur le *Géographe nubien*, parce qu'il connaissait mieux l'est de l'Afrique que les autres parties de ce continent. Il adopte le système de Ptolémée pour la division des sept climats. La *Géographie de la Nubie*, traduite et publiée par les Maronites, en 1619, n'est qu'un abrégé de l'ouvrage original, imprimé à Rome, en langue arabe; la belle édition de Hartmann est la dernière qui ait paru. (*Gottingue*, 1796, *in*-8°.

Ghana, dont parle Benjamin de Tudela (*). Ce rabbin est de tous les Juifs qui ont voyagé en Afrique, celui dont les observations se trouvent les plus exactes, et les relations les plus authentiques. Benjamin se rendit en douze jours d'Assuan, ou Syène, à Halavan, d'où les caravanes, après une marche de cinquante jours à travers le désert, arrivent à Zuila (c'est le nom d'une ancienne ville du Fezzan). Le temps nécessaire au voyage de la caravane qui se rend du Fezzan en Égypte, s'accorde très-bien avec ce que rapporte Benjamin; mais lorsque cet auteur confond

(*) Benjamin de Tudela, savant rabbin, partit de Navarre, en 1160, traversa l'Europe, l'Asie et l'Afrique, avec le projet d'observer et de reconnaître l'état où se trouvait alors la nation juive sur la terre, afin de prouver qu'elle tenait encore le premier rang dans le monde, quoique les chrétiens prétendissent le contraire. Dans son itinéraire il mêle, sans discernement, au résultat de ses observations et de ses recherches, une foule de traditions populaires et de contes juifs qui sont étrangers au sujet; et il ne se borne pas, comme Hérodote, à nous instruire de ce qu'il a vu et de ce qu'il a entendu. Il mourut en 1173, peu de temps après son retour dans sa patrie.

Zuila avec *Ha-uila*, ou il a été induit en erreur, ou il a mal compris ce que lui ont dit les voyageurs qu'il a consultés. Ces deux noms sembleraient plutôt opposés entr'eux, et propres à décrire des positions relatives, comme tous les noms caractéristiques que prennent en général les tribus sauvages. Il en est de même sans doute de *Wangara* et *Azgara*; les Arabes emploient souvent ce dernier nom pour désigner généralement les parties du désert qui sont couvertes de buissons épineux. *Senhaga* et *Azaga* sont également des noms significatifs qui distinguent deux tribus maures; de même *Sus-al-Adna* et *Sus-al-Acza* (le *Sus* antérieur et le *Sus* citérieur); ce sont deux cantons de Maroc. Les rabbins paraissent avoir regardé le *Guin* ou *Niger* comme le *Gihon* ou *Giun* de Moyse. Le Gubert, situé à l'ouest du Begarmi, confine au Wangara vers le sud; il comprenait, à ce qu'il paraît, du temps de Léon, une partie du territoire du Wangara. Cet écrivain rapporte que le Gubert etait submergé tous les ans par les eaux du Niger. Le pays était fameux alors par ses ouvriers, par ses manufactures de draps et de bottes : il fut conquis depuis par le Tombuctou. Kororafa, qui nous est entièrement inconnu, se trouve placé au sud-est du Guber, d'après les mémoires manuscrits de M. Beaufoi. Plus au nord, est situé Kanem, pays arrosé par le *Wady el Gazel*, et dont les habitans font le commerce du sel. Vers le nord-est, on trouve le Begarmi, (le *Begama* d'Edrisis, le *Gorania* de Léon, et le *Gorham* de d'Anville) à environ vingt journées au sud-est du Bornou, dont il est séparé par plusieurs petits déserts. Il est fameux par son commerce d'esclaves, et c'est peut-être le pays où l'on mutile le plus de garçons. Les habitans de ce vaste royaume sont rigides mahométans. Quoiqu'ils aient le teint noir, leurs traits ne ressemblent point à ceux des Nègres. On suppose, avec quelque probabilité, qu'ils descendent des anciens Garamantes. Le Begarmi a trois cents milles de long du nord au sud, et deux cent quarante de large de l'est à l'ouest. Sa capitale est Mesna. Le souverain entretient une cavalerie nombreuse et bien aguerrie. Au sud, sont le Murgi et le Kauga; à l'ouest, le Wangara. Ces divers pays sont gouvernés par des pachas qui sont à la nomination du sultan de Bornou. Le territoire du Fittré ou Fidri s'étend autour d'un lac qui porte le même nom; les habitans sont encore loin de la civilisation. Au sud-est du Fittré, est situé le Metko, petit district au milieu d'un pays montagneux; il est indépendant et défendu par la nature contre toute attaque. A l'est, se trouve le Wadey, qui formait autrefois plusieurs petits états séparés, mais qui ayant été conquis par les Arabes, ne fait plus qu'un seul royaume. La langue générale est l'arabe; mais on y parle aussi plus de dix autres dialectes particuliers à chaque canton. Le Birgou, qui est à l'est du Begarmi et au nord du Wadey, confine au Darfour vers le sud-est; il passe pour être beaucoup plus puissant que le Begarmi; il a quatre cents milles d'étendue du nord au sud, et trois cents de l'est à l'ouest. Wara en est la capitale. Les habitans sont rigides mahométans; ils ont une aversion mortelle pour tout ce qui est chrétien. A vingt milles de Wara, on trouve huit montagnes considérables, sur chacune desquelles on parle un langage différent : ces montagnards sont aussi mahométans, et fournissent d'excellens guerriers aux armées du Birgou. Les naturels du Birgou dévastent, par des incursions subites, le pays où ils veulent porter la guerre; lorsqu'ils entrent en campagne, ils ne traînent jamais leurs femmes après eux, comme le font les habitans du Darfour et de plusieurs autres états. Le Birgou est environné de diverses tribus particulières, composées les unes de mahométans; et les autres de payens; ces tribus sont quelquefois indépendantes, mais elles obéissent le plus souvent à celui de leurs voisins que les hasards de la guerre ont rendu le plus redoutable. On représente quelques-unes de ces tribus comme des guerriers indomptables; on dit qu'ils ne battent jamais en retraite devant l'ennemi; ils se servent de flèches empoisonnées et de piques rougies au feu : ce sont les femmes qui, placées derrière les rangs, font chauffer les armes, et les donnent aux combattans à mesure qu'ils en ont besoin.

Darfour signifie littéralement le royaume de *Four* ou *Fûr*, comme l'écrit Browne, le seul Européen qui a voyagé dans ce pays; ce royaume se trouve à l'est de Wadey, au sud-est du Birgou, et à l'ouest du Kordofan; son territoire est d'une étendue considérable, et couvert d'immenses forêts; il est arrosé par une grande rivière dont les bords sont fertiles en cannes à sucre, et qui après avoir traversé le Wadey va se jeter dans le lac Fittré. Pendant la saison sèche, les campagnes paraissent arides et stériles; mais lorsque les pluies commencent, le sol sablonneux et desséché se change bientôt en champs de verdure qui se couvrent d'une végétation abondante. Les habitans cultivent une quantité considérable de maïs, de féves et d'autres légumes, dont ils se nourrissent. La datte y est plus petite qu'ailleurs et ne paraît pas être indigène. Les animaux domestiques sont le chameau, le mouton, la chèvre, et les bêtes à cornes, qu'on y élève par troupeaux nombreux. Quelques habitans font avec le lait de leurs vaches un fromage assez agréable, mais le procédé n'est pas généralement connu. Le chameau est petit et d'une espèce inférieure. Le cheval et l'âne leur viennent de l'Égypte et de la Nubie. Leurs animaux sauvages sont le lion, le léopard, l'hiène, le loup et le buffle sauvage. Les *termites* ou fourmis blanches pullulent d'une manière effrayante dans tout le pays de Darfour; on y rencontre fréquemment l'insecte qui produit la cochenille; mais jamais on n'a essayé d'en tirer aucun parti utile. Les rochers dont le sol est couvert, sont composés principalement de granit, et l'on trouve dans quelques endroits de l'albâtre et du marbre. Le Darfour produit du nitre en abondance; il y a un canton où l'on trouve du sel fossile; les pasteurs arabes qui parcourent avec leurs troupeaux la partie méridionale et occidentale de cet état, y recueillent continuellement du soufre, qui s'y trouve en très-grande quantité. Les principales villes du Darfour sont, 1.° Cobbé, la première place de commerce, et le rendez-vous de tous les négocians; elle est à quatorze degrés onze minutes de latitude nord, et vingt-huit degrés huit minutes de longitude est; elle a plus de deux milles de long, mais elle est singulièrement étroite, et elle a dans son enceinte beaucoup d'espaces vides ou occupés par des jardins; 2.° Sweini, qui commande la route septentrionale du Darfour; elle se trouve à plus de quarante milles de Cobbé vers le nord; 3.° Kourma, petite ville à douze ou treize milles au sudouest de Cobbé; 4.° Cubcubia, à trente milles vers l'ouest: cette ville commande la route occidentale; elle a un marché deux fois par semaine; 5.° Cours, située à quatorze ou quinze milles au nord-ouest de Cobbé; 6.° Ril, à environ soixante milles vers le sud-est; elle est située dans une plaine fertile, et commande les routes du sud et de l'est; elle était autrefois la résidence des rois de Darfour. Gidid, Gellé et Shoba sont les seules villes qu'on puisse encore citer; les villages sont en grand nombre, mais leur population ne passe guère quelques centaines d'habitans. Browne évalue la population du Darfour à deux cent mille individus. Cette population se compose, 1.° des naturels du *Fur*, qui sont d'un noir d'ébène, et qui ont les cheveux crépus comme de la laine, quoique leurs traits soient tout à fait différens de ceux des Nègres; 2.° des Arabes des tribus de Mahmid, de Mahrea, Beni-Fesara et Beni-Gerar, dont quelques-uns sont établis dans le pays d'une manière sédentaire, tandis que les autres, et c'est le plus grand nombre, mènent là, comme par-tout ailleurs, la vie nomade et errante qui les fait distinguer; et 3.° enfin, d'une infinité d'étrangers qui viennent s'y réfugier de tous les états voisins, et particulièrement du Dongola, du Mahas, du Sennaar et du Cordofan. Le Darfour comprend encore la population de divers petits cantons qui lui sont presque toujours soumis, et qui dépendent cependant quelquefois des nations voisines, tels que le Dar-Rugna, qui se trouve souvent sous la domination du Birgou ; le Dar-Berti ; Bego ou Dageou, entre le Darfour et le Birgou, dont la puissance surpassait autrefois celle du Darfour même ; et enfin, le Zeghawa, royaume jadis indépendant, et qui était en état de lever mille hommes de cavalerie. Les habitans du Zeghawa n'ont rien dans les traits qui tienne du Nègre ; ils parlent un dialecte différent de celui dont se servent les *Fouriens*. Zeghawa est à quinze degrés une minute de latitude nord, et paraît être le *Zaga* ou *Zagara* d'Edrisis et d'Abulfeda ; il est à quatre cents milles à l'ouest de Dongola, et à cent soixante milles de Matthan, dans le Bornou. Tagua, capitale d'une petite province, est peut-être *Teawa* ou *Teguawa*, capitale de l'Atbara (l'ancien Meroé), que

Bruce place à quatorze degrés deux minutes quatre secondes de latitude nord. Le Cordofan, canton considérable à l'est du Darfour, est situé entre ce royaume et le Sennaar; il est quelquefois indépendant, mais il est rarement en état de résister à celui de ses voisins qui veut le subjuguer. Les guerres continuelles que se font les naturels du Cordofan et ceux du Darfour, ont fait naître entre les deux peuples une haine invétérée que rien ne peut diminuer. Les Cordofans vénèrent la mémoire d'Aboucalec, un de leurs gouverneurs, qui secoua le joug du Sennaar, à peu près dans le temps où M. Bruce revenait d'Abissinie. A la mort de ce guerrier, le Cordofan fut obligé de se soumettre au Darfour; mais à l'époque où M. Browne se trouvait dans ce pays, les Cordofans se révoltèrent, rompirent leurs fers, et interceptèrent entièrement la route orientale du Darfour. Les Cordofans aiment à former des liaisons avec les étrangers; ils leur offrent leurs filles et leurs sœurs, comme font les Abisniens dans le pays de Maitsha; ils parlent l'arabe. Ibit est une des principales villes du Cordofan: elle est habitée par des Arabes et par des Nubiens; mais il est aisé de distinguer les uns des autres; les premiers ont le teint olivâtre; leur physionomie est expressive, et leurs cheveux, qui sont très-noirs, sont agréablement frisés en boucles, et point du tout laineux. Il y a, à l'est du Darfour, une tribu d'Arabes qui frisent leurs cheveux en forme de perruque touffue, comme les têtes sculptées qu'on trouve dans les ruines de Persépolis. Les Dongolais qui habitent le Darfour, parlent le dialecte du Barabra; c'est la partie du désert qui confine à l'Égypte; mais le dialecte arabe en usage dans le Darfour, diffère essentiellement de celui qu'on parle sur les bords du Nil. Les naturels du Darfour sont moins graves et plus gais que les Égyptiens; mais ils ressemblent aux Maures par la violence de leurs passions, par leur penchant pour le mensonge, leur mal-propreté, et leurs idées fausses sur la propriété. La polygamie étant en usage parmi eux, ils ne conservent envers leurs femmes ni égards ni délicatesse; ils les traitent au contraire avec le plus souverain mépris; ils violent même souvent les préceptes de l'islamisme, en s'unissant avec leurs sœurs. Cependant, le sexe y est moins esclave que dans aucun autre pays mahométan. Les femmes paraissent en public sans voile, vendent et achètent au marché, et peuvent s'entretenir avec des hommes sans offenser ni leurs maris ni leurs parens. Les travaux les plus pénibles de la culture, ainsi que les plus petits détails du ménage, sont également abandonnés aux soins des femmes; on les voit souvent accablées sous un énorme fardeau, suivre, en chancelant, leurs maris, qui vont devant elles tranquillement assis sur leur âne, qu'ils craindraient beaucoup plus de fatiguer. Les maisons sont en argile; ce sont encore les femmes qui les construisent; le toit en est bas et uni, et formé de planches très-minces, recouvertes de terre. Le sel est le signe représentatif de tous les échanges dans le Darfour; cependant, il y a quelques endroits où l'on admet pour le même usage de petites pièces de fer blanc, d'une valeur arbitraire. Il part du Darfour une caravane qui se rend en Égypte, où elle va faire le commerce des esclaves, de l'ivoire, de la gomme et des chameaux; mais ces communications ne sont pas régulières, elles sont même souvent interrompues par les Arabes errans qui pillent les caravanes. Les Dongolais et les Nubiens qui se sont établis dans le Darfour, accoutumés chez eux au commerce de l'Égypte, ont ouvert les premiers la route qui conduit de l'un à l'autre pays; quoiqu'ils se réunissent en troupes nombreuses pour faire ce trajet dangereux, ils sont fréquemment arrêtés et dépouillés par les Arabes Cubba-Besh et les Arabes-Bedeiat; les Bedeiat, qu'on croit être de la même race que les Bedouins, ne paraissent pas cependant avoir une origine arabe. Les naturels du Darfour font leurs récoltes de blé comme les Nègres de l'Afrique occidentale; ils détachent seulement l'épi de sa tige, et ils abandonnent la paille. A l'entrée de la saison des pluies, le roi et les principaux chefs de l'état, se rendent aux champs pour y présider aux travaux de la culture. Cet usage a lieu dans plusieurs autres états de l'Afrique, tels que le Bornou et le Sennaar, où le roi est toujours surnommé *baady* (paysan ou cultivateur). Hérodote nous apprend que les anciens rois d'Égypte pratiquaient les mêmes cérémonies à cet égard; et les voyageurs rapportent que les empereurs chinois célèbrent tous les ans des fêtes en l'honneur de l'agriculture. Le roi, ou plutôt le sultan de Darfour règne avec un pouvoir absolu; il confère la même autorité aux gouverneurs de ses provinces. Quoique les préceptes du *Coran* présentent des règles de décision pour tous les points de contestation qui peuvent s'élever entre les habitans, cependant le caprice du juge est la seule loi qui détermine le jugement; et comme il n'y a que les prêtres qui osent manifester leurs sentimens sur cet abus d'autorité, leur opinion est aussi la seule barrière qui puisse s'opposer à la volonté du prince; il est toujours facile à celui-ci de la renverser quand il lui plaît. Cependant, ces juges paraissent exercés dans l'art de la chicane et montrent beaucoup de sagacité à débrouiller les difficultés les plus compliquées.

Les revenus du sultan consistent dans les taxes établies sur les marchandises d'importation et d'exportation, dans le tribut annuel que paient les Arabes, et dans les contributions de blé que chaque ville et chaque village doivent fournir; à quoi on peut encore ajouter le produit des amendes, des jugemens et des présens de toute espèce qu'on lui envoie. Les troupes du Darfour ne sont pas nombreuses, puisqu'on y regarde un corps de quatre mille hommes comme une armée formidable. Ces soldats ne se font point citer pour leur adresse et leur courage; mais ils souffrent la faim, la soif, et tous les genres de fatigues, avec une patience étonnante; ils n'ont d'autre abri dans les camps qu'une natte légère, dont ils se couvrent le corps. Les troupes du Darfour, lorsqu'elles ne sont pas en guerre, se réunissent tous les ans pour célébrer une fête militaire qu'on appelle l'*inauguration des timbales*. C'est à cette époque que le souverain reçoit les présens de ses principaux sujets. On suit dans cette circonstance diverses cérémonies superstitieuses ; entr'autres, on y sacrifie un jeune garçon et une jeune fille. Les habitans du Darfour mêlent au mahométisme une infinité de pratiques particulières. Les montagnards sacrifient au dieu des montagnes, pour en obtenir de la pluie. La loi du prophète a commencé à se propager dans le Darfour sous Soliman, de la race des Dageou. Suivant Browne, ce prince régnait il y a cent trente ou cent cinquante ans. La race des Dageou étendait autrefois sa puissance jusque dans le voisinage de Tunis, d'où elle a été expulsée par les Maures ; et, après de longues dissentions intestines, elle s'est vue obligée d'abandonner le sceptre à la famille de *Fur*. On dit qu'à l'inauguration de chaque souverain, on allume un feu qu'on entretient avec soin jusqu'à sa mort. A l'avénement du nouveau sultan, on étale devant lui divers tapis qui ont servi aux monarques ses ancêtres; et d'après le choix qu'il fait, on tire des conjectures sur sa conduite à venir, dans la persuasion qu'il ressemblera à celui de ses prédécesseurs à qui appartenait le tapis qu'il a préféré. Le monarque actuel est ambitieux et jaloux d'acquérir de la gloire militaire; il brûle en même temps de s'emparer des mines d'or du Sennaar; il s'est adressé aux beys d'Égypte, pour leur demander un ingénieur instruit dans l'art de construire et de manœuvrer l'artillerie; ils lui ont envoyé Achmet Aga, de Zanthe, homme habile et courageux, qui partit du Caire pour le Dârfour, en novembre 1796, emmenant avec lui environ cinquante artilleurs, et quatre pièces de canon de bronze. On ignore quel a été le succès de cette mission. Le même monarque, au commencement de son règne, envoya à Constantinople des ambassadeurs chargés de présenter à sa hautesse trois eunuques choisis, et trois esclaves de la plus grande beauté. Le grand-seigneur, qui n'avait jamais entendu parler auparavant du sultan de Darfour, lui fit présent d'un sabre magnifique, d'une riche pelisse, et d'un anneau entouré de diamans.

Le Darfour, le Birgou et le Begarmi, sont bornés au sud-ouest, au sud et au sud-est par un grand nombre de tribus payennes, dont quelques-unes se trouvent englobées dans leurs territoires : ces tribus habitent principalement les bois et les montagnes, et sont presque toujours soumises à celui de leurs voisins qui a une armée en campagne; cependant, elles parviennent quelquefois, malgré leur faiblesse, à recouvrer leur indépendance, dont elles sont très-jalouses : elles forment deux races distinctes ; la première a les cheveux laineux, et tous les traits qui caractérisent le Nègre de Guinée ; la seconde a le teint rougeâtre et comprend les naturels de Harraza, au nord du Cordofan, à environ quinze degrés de latitude nord, et trente-deux degrés de longitude est. Tumurky est situé à l'est du Darfour. Plus loin, on trouve une multitude infinie de petites tribus indépendantes les unes des autres, mais souvent envahies par les armées du Begarmi, du Birgou et du Darfour, qui s'avancent quelquefois jusqu'à huit cents milles vers le sud et le sud-est, pour ravager ces territoires et y faire des esclaves, qu'ils vendent ensuite chez eux. La cavalerie du Begarmi attaque fréquemment les tribus des Kardis, des Serrawahs, des Showas, des Battahs et des Mulguis, qui sont idolâtres, et passent pour de féroces cannibales ; les Begarmiens font prisonniers tous les individus qui tombent en leur pouvoir, et les chassent devant eux comme des troupeaux de bétail. S'ils s'arrêtent dans la route, excédés de faim et de fatigues, un cavalier saisit le plus faible ou le plus âgé, le frappe rudement, et s'en sert comme d'une massue pour faire marcher les autres. Les Nègres de Gnum-Gnum mangent la chair de leurs prisonniers, et portent en triomphe la peau des mains et de la figure de ces malheureux. Leurs lances sont en fer; après les avoir fait rougir au feu, ils les enfoncent dans le tronc d'un certain arbre dont le suc est un poison subtil; et ils les laissent ainsi jusqu'à ce que la pointe en soit totalement imprégnée.

Le Darkulla, le plus considérable de ces états nègres, se trouve au sud-ouest du Darfour et du Birgou; il est arrosé par une infinité de rivières qui le coupent en tous sens. Une partie des habitans sont noirs; les autres ont le teint rouge ou cuivré. L'autorité du chef augmente ou diminue suivant qu'il a plus ou moins d'adresse : les uns savent réunir sous leur domination toutes les petites tribus qui les environnent; d'autres ont à peine assez de moyens pour gouverner celle qui leur est soumise. Leur langage se parle du nez, mais il est simple et facile. Ils adorent des idoles; ils se font remarquer par leur probité et leur délicatesse scrupuleuse; enfin, ils sont beaucoup plus propres dans leur parure qu'aucune des nations voisines. Ils se servent pour traverser leurs rivières, de canots faits avec le tronc d'un gros arbre. On punit chez eux les plus petites injures, en condamnant à l'esclavage les enfans ou les jeunes parens de l'agresseur. Si un individu commet quelque dégât dans le champ d'un autre, ou si celui qui s'est chargé d'une commission a négligé de la remplir, on convoque un *palaver*, et l'offensé obtient, en dédommagement, le fils ou la fille du coupable. Ils ne regardent jamais la mort comme une chose naturelle et nécessaire : lorsqu'une personne meurt, on attribue sa fin à un accident violent ou à un assassinat, et tous ses voisins sont obligés, pour leur justification, de boire une espèce d'*eau rouge*. Ces usages, et les guerres qui divisent continuellement ces tribus sauvages, concourent à fournir d'esclaves les marchés du

Darfour et du Birgou. Le sel est le premier article de commerce dans le Dar-Kulla; douze livres de sel forment le prix ordinaire d'un jeune esclave, et quinze livres celui d'une femme. Le piment y est très-abondant. On trouve diverses sortes de métaux dans les cantons montagneux qui sont au sud du Darfour, et les naturels entendent parfaitement la manière de séparer le fer et le cuivre de leur minerai. Le cuivre est de la plus belle qualité; il ressemble, par la couleur, à celui de la Chine, et contient indubitablement une grande quantité de zinc. Le canton d'où on le tire se nomme *Fertit*. Les naturels du Fertit ont la couleur et tous les traits du Nègre. Ce canton est situé sur le Misselad, rivière considérable à environ quatre cent quatre-vingt milles au sud de *Cobbé*. Les marchands qui vont au-delà des sources du *Bahr-Misselad*, ne reviennent guère qu'au bout de deux ans, et sont de cent cinquante à cent quatre-vingts jours en route. A cent soixante milles à l'est des mines de cuivre de Fertit, on trouve les sources du *Bahr-el-Abiad* ou Nil occidental, nommé aussi Rivière-Blanche, à cause de la couleur de ses eaux bourbeuses, et pour le distinguer du *Bahr-el-Azrac* ou Rivière-Bleue, le Nil oriental dont Bruce a reconnu la source, et qui doit son nom à la couleur azurée de ses eaux. Le pays est couvert de montagnes, et l'on nomme Donga le lieu où réside le souverain. Les habitans de cette partie sont absolument noirs. La Rivière-Blanche prend sa source dans un groupe de montagnes nommées *Kumri* ou Monts de la Lune, d'où se précipite une infinité de ruisseaux qui, se réunissant dans un même lit, forment ce qu'on appelle le Nil occidental. Donga est à six cents milles au-dessus de Shilluk, qui est situé sur la rive orientale du même fleuve, vis-à-vis *Hallet-Allais*, sur la rive occidentale. La ville de Donga est bâtie en terre, et habitée par des payens, qui sont très-hospitaliers et de la plus grande probité. On dit qu'ils ne portent d'autre vêtement qu'une ceinture faite avec de longues herbes entrelacées autour du corps. Dans le Shilluk, les maisons sont également bâties en terre. Lorsque les habitans, qui sont aussi payens, ont à faire passer de l'autre côté du fleuve un mahométan, ils lui demandent toujours « qui est le maître de cette rivière »? Le mahométan répond ordinairement: « c'est » Dieu. Non, reprend le payen, c'est un » tel, et il nomme son chef. Vous direz, » ajoute-t-il, qu'un tel est le maître de la » rivière, ou vous ne passerez pas ».

Le Shilluk est à treize degrés de latitude nord. En 1504, les habitans descendirent la rivière dans une multitude infinie de canots, firent une irruption sur le territoire des Arabes, et après les avoir défaits complètement dans une bataille générale, ils fondèrent le royaume de Sennaar, à treize degrés trente-quatre minutes trente-six secondes de latitude nord, et trente-trois degrés trente minutes trente secondes de longitude est. A cette époque, ils étaient encore payens; mais ils ne tardèrent pas à embrasser le mahométisme, dont ils reconnurent les avantages relativement au commerce ; ils apprirent, en conséquence, à réciter la profession de foi du prophète : et c'est à cela que se borne encore toute leur doctrine ; ils ont pris à cette époque la dénomination de *Fungy* (seigneurs, conquérans, ou hommes libres.), et nommèrent le Sennaar, *Medinet-el-Fun*, ou *Fungy* (ville des libres). Le gouvernement de Shilluk existait encore dans le Sennaar, il y a quelques années, lorsque des dissentions intestines le renversèrent entièrement. Le roi des Sennaars est appelé sur le trône, comme celui d'Eyeo, sous la condition expresse qu'il pourra être mis à mort par ses propres sujets, dès que le conseil des principaux officiers aura déclaré que l'intérêt de l'état exige qu'il cesse de régner. Un officier de sa propre famille, à qui on donne le surnom de *bourreau du Roi*, est chargé de le tuer, après sa déposition, en lui passant son épée au travers du corps. Le fils aîné du roi lui succède au trône; et, à son avénement, tous ses frères sont mis à mort par le même officier. Pendant la saison des pluies, le territoire du Sennaar présente l'aspect de plaines riantes et fertiles; la terre y est arrosée par une infinité de lacs et de rivières qui animent le paysage, et du milieu desquels on voit s'élever par intervalle des groupes de maisons, dont le toit arrondi en forme de cône, leur donne de loin l'apparence de tentes; mais lorsque la saison des chaleurs arrive, l'herbe se dessèche partout, la campagne prend une teinte brûlée; les lacs et les marais croupissent, se putréfient, et répandent au loin des vapeurs morbifiques; le limon qui fermente, donne naissance à une infinité d'insectes et de reptiles : le pays redevient un désert affreux; des vents empoisonnés soufflent continuellement, et portent devant eux des colonnes de sables brûlans qui ravagent et détruisent tout ce qui se rencontre dans leur direction. Les plaines sont habitées par les Shilluks, et les montagnes par les Nubas et les Gubas, qui adorent la lune; toutes les fois qu'elle reparaît sur l'horizon, ils célèbrent son retour par des chants et des danses. C'est sans doute cet usage qui a fait donner le nom de montagnes de la Lune aux monts qui sont situés à la source de la Rivière-Blanche. Les Nubas adorent encore, à ce qu'on dit, un arbre et une pierre qui n'existent que dans le pays d'où sont sortis leurs ancêtres. Les Shilluks et les Nubas sont peut-être de la même race que les Shellus et les montagnards de Barbarie. Le royaume de Sennaar s'étend vers le nord, jusqu'à la Haute-Egypte; au sud, il est séparé de l'Abissinie par une nation nègre à tête crépue, nommée Shangalla et Ganjar. Le pays qu'occupent ces nègres est tout couvert de bois, et a environ soixante milles d'étendue. Il touche à l'Abissinie par le nord-ouest et le nord-est; on l'appelle *Kolla* (le pays chaud), ce qui semble être la même dénomination que *Dar-Kulla*, dont nous avons déjà parlé. Les Shangallas sont tous pasteurs et chasseurs; ils se font remarquer par leur force et leur agilité; leur taille est gigantesque. Ils sont passionnés pour la musique et la poésie; ce sont eux qui donnent des poëtes et des chanteurs aux Arabes et aux Abissiniens. Le centre de l'Afrique présente encore, au dix-neuvième siècle, les mêmes traits et le même tableau qu'il offrait aux époques les plus reculées dont l'histoire fit mention. Les noms seuls ont éprouvé quelques variations. C'est encore aujourd'hui ce caractère féroce, ces mœurs barbares, ces superstitions ridicules qui distinguaient jadis les peuples de la Libye et de la Nigritie. Les opinions, les mœurs, et les usages des Africains modernes, peuvent servir à jeter un grand jour sur l'histoire du premier âge du monde; et lorsque le temps aura fait disparaître ces traits caractéristiques, il sera difficile aux générations futures de croire qu'ils aient jamais existé (*).

(*) *Voyages* de Mungo Park. *Géographie* de Rennel. *Mémoires de la société d'Afrique. Voyage au Sénégal*, par Labarthe. *Itinéraire* de Rubault. Léon l'Africain. *Histoire de Guinée*, par Barbot. *Voyage à la côte de Guinée*, par Labarthe. *Relation de Norry sur le Dahomé. Histoire du Dahomé*, par Dalzel. *Voyages de Browne en Afrique, en Égypte et en Syrie. Voyages* de Bruce. *Histoire d'Éthiopie*, par Ludolf. *Voyages de Lobo en Abissinie.* Pline. Ptolémée. Abulfeda. *Itinéraire de Benjamin de Tudela. Voyage* de Horneman *dans le Fezzan.*

CHAPITRE IV.

Voyages de M. Browne à Siwah. — Observations sur les Cophtes. — Voyage au Darfour; séjour dans ce pays.

Tandis que M. Mungo Park essayait avec tant de courage de reconnaître la partie occidentale de l'Afrique, d'après le plan de la société royale, M. W. G. Browne, simple particulier, voyageant à ses frais, excité par la curiosité et le goût des aventures, entreprenait de traverser ce continent de l'est à l'ouest, et de pénétrer ainsi dans le royaume de Darfour, dont le nom avait bien été cité par M. Ledyard, mais qui était encore entièrement inconnu aux Européens.

M. Browne arriva, le 10 janvier 1792, à Alexandrie, en Égypte, où, après avoir pris des informations nécessaires sur les contrées adjacentes, il résolut de tenter la découverte des ruines de l'ancien temple de Jupiter Ammon, autrefois si fameux. Il prit avec lui un interprète et quelques marchands arabes, qui connaissaient parfaitement la route qu'il voulait suivre, et qui s'engagèrent à porter son bagage et ses provisions, et sur-tout à le mettre à l'abri des insultes des tribus nomades de Bédouins et de Mogrebins, qui infestent toute cette partie. Le 24 février 1792, il partit d'Alexandrie, à une certaine heure que ses conducteurs regardaient comme favorable au succès de leur voyage. Il suivit, le long de la mer, la même route qu'avait pris autrefois Alexandre, en allant visiter le temple d'Ammon. La côte est pleine de rochers dans le voisinage d'Alexandrie, mais à mesure qu'on s'en éloigne, le sol devient plus uni, et l'uniformité de cette terre sablonneuse se trouve diversifiée par la verdure des champs de *kali*, entremêlés de plantes épineuses que les chameaux aiment à brouter, et sur lesquelles sont attachés un grand nombre de limaçons que les Arabes mangent avec un plaisir infini. On y rencontre quelquefois des *gerboises*, des tortues, des lézards, et différentes espèces de serpens, beaucoup d'oiseaux marins, et quelques lapins sauvages; on reconnaît souvent auprès des sources les traces de l'antelope et de l'autruche. Les voyageurs passèrent près du lac Maréotis qui est à sec; ils rencontrèrent quelques bandes de Bédouins, dont ils ne reçurent que des marques d'hospitalité.

Le 4 mars, ils arrivèrent aux puits de *Al Bareton* (le *Parœtonium* des anciens), à environ deux cents milles d'Alexandrie; ils avaient fait ce trajet en soixante-quinze heures et demie. Là, ils quittèrent la côte, en se dirigeant vers le sud-ouest, sur un sol stérile, de sable et de rocher, où l'on trouve beaucoup de talc. Ils gagnèrent Ummessogheir, village indépendant, dont les maisons sont bâties en terre; le pays ne produit que des dattes, et les habitans y sont pauvres et misérables. Après avoir traversé une grande étendue de pays absolument aride, et dont la surface était souvent couverte de sel, ils arrivèrent le 9, à Siwah.

Siwah (le Siropum de Rennel et le Maréotis de Danville), à vingt-neuf degrés douze minutes de latitude nord, et quarante-quatre degrés cinquante-quatre minutes de longitude est, est situé dans un oasis d'environ six milles de long et cinq de large, couvert en grande partie de superbes dattiers; il produit également des grenades, des figues, des olives, des abricots, et du plantain; mais les fruits y sont très-fiévreux; et tous les ans, à l'époque de la récolte, des épidémies terribles enlèvent une grande partie de la population. Les olives sont remarquables par leur grosseur, et on en tire une huile excellente. On y trouve en abondance des mines de sel et des sources d'eau douce et d'eau salée; mais ces sources sont presque toujours tièdes; cependant il ye na une qui est alternativement chaude et froide. Les naturels cultivent, pour leur consommation seulement, du blé, et une espèce de riz rouge, absolument semblable à celui qu'on cultive à Sierra-Leone. Les Siwans ont le teint plus noir que les Égyptiens, et parlent un dialecte différent, qu'on croit être la langue primitive de l'Afrique. Leur habillement ressemble à celui des Arabes Bedouins (*); leur mobilier consiste principalement en poterie et en nattes; les plus riches ont quelques vaisseaux de cuivre. Leurs animaux domestiques sont le mouton, la chèvre d'Égypte, le bœuf, et le chameau. Ils se nourrissent de pain sans levain, à moitié cuit, de pâtisserie frite dans l'huile de palmier, de riz, de lait et de dattes; ils font souvent usage d'une boisson enivrante qu'ils tirent du dattier. Le pays est gouverné par un petit nombre de sheiks électifs (**); mais il est pres-

(*) L'habillement des hommes se compose d'une chemise, d'une culotte de coton blanc, et d'une grande pièce d'indienne, à raies bleues et blanches, qui se jette sur l'épaule gauche. Les femmes portent une longue chemise bleue qui leur descend jusqu'aux talons; elles se couvrent aussi d'une grande pièce de toile. Les hommes ont de plus un bonnet rouge.

(**) Le gouvernement de Siwah est confié à douze sheiks; mais, depuis quelques années, vingt des principaux habi-

que toujours déchiré par des dissentions intestines, qui contribuent beaucoup à affaiblir la puissance du gouvernement, à armer les vengeances particulières, et à arrêter la punition des crimes. Les compagnons de M. Browne, lui conseillèrent de prendre le costume de mamelouck; mais on observa qu'il ne se rendait pas aux prières publiques, et il se vit obligé d'avouer qu'il était chrétien. Cette imprudence manqua lui devenir funeste; ce ne fut qu'à force de présens, (*) distribués avec adresse, qu'il parvint à calmer l'orage, et qu'il obtint la permission d'examiner le pays et ses environs. Il vit des appartemens taillés dans le roc, qui ressemblaient aux catacombes des Égyptiens; et il observa, à environ deux milles de la ville, un édifice très-ancien,

tans se sont emparés d'une partie de l'autorité, et ont pris le titre de sheik. Les affaires se discutent dans des assemblées populaires toujours agitées par les passions. Si l'on n'est pas d'accord sur un objet, on court aux armes, et le combat décide la question.

(*) Les Siwans sont en général imposteurs et voleurs, et ce n'est qu'avec la plus grande surveillance qu'on se met à l'abri de leur rapacité.

formé de la même pierre dont on s'est servi pour la construction des pyramides. Ce bâtiment ne contient qu'une seule pièce de trente-deux pieds de long, quinze de large, et dix-huit de haut. L'extérieur des murs présente encore les traces de sculptures en relief, qui n'ont pu échapper aux ravages du temps; celles de l'intérieur sont mieux conservées ; on y voit trois rangées de figures emblématiques, groupées les unes à la suite des autres en forme de procession. Les espaces intermédiaires sont chargés de caractères hiéroglyphiques. Dans quelques endroits les couleurs mêmes dont ces sculptures étaient revêtues, avaient encore une grande partie de leur éclat. Ces ruines semblent avoir la même origine que les monumens d'Égypte. Parmi les principales figures, on remarquait Isis et Anubis. L'édifice avait toutes les proportions d'un temple égyptien en petit. M. Browne prit des informations sur le Santrieh d'Edrisis (*), qu'on croyait être l'an-

(*) M. Horneman n'a pas été plus heureux que M. Brow-

cienne Ammonie, et que ce géographe place à dix journées est d'Augila, et neuf de la Méditerranée, indication qui s'accorde avec la position que Ptolemée assigne à ce pays, mais non pas avec celle que lui donne Strabon, à cent quarante milles de la côte. Les sheiks avouèrent qu'ils ne connaissaient aucune ruine dans la direction présumée du Santrieh ; mais M. Browne leur ayant demandé s'ils n'avaient jamais entendu parler d'aucunes ruines vers l'ouest ou le sud-ouest, un d'eux lui répondit qu'à Araschié il existoit des vestiges d'une ancienne ville, mais tellement entourés d'eau, qu'on ne pouvait en approcher faute de bateaux. L'Africain entra alors dans le détail des merveilles de ce pays enchanté, et conclut,

ne dans ses recherches sur le Santrieh d'Edrisis. On lui a dit cependant qu'à sept journées de Siwah, et trois du Biljoradec, il existait un oasis, dont les habitans parlaient le même dialecte qu'à Siwah. C'est peut-être l'oasis mineur des anciens qu'on a voulu lui indiquer. Le major Rennel a démontré de la manière la plus évidente que le Santariah ou Santrieh d'Edrisis, était l'ancien oasis d'Ammon, jourd'hui *Siwah*.

en engageant M. Browne à renoncer à cette recherche. M. Browne ne trouva des guides qu'avec beaucoup de peine; car les Siwans paraissaient déterminés à s'opposer à son entreprise, s'imaginant qu'il avait le projet de déterrer les trésors d'Araschié. Il quitta Siwah le 12 mars, et dirigeant sa route vers l'ouest, il arriva, après deux jours de marche, au bord d'un petit lac d'eau salée, près de la plaine de Gégabib. Araschié est une île située au milieu de ce lac; on ne trouve dans les environs ni arbres, ni eau douce. De loin cette île parut hérissée de rochers, et l'on n'y vit rien qui eût l'apparence de ruines. M. Browne, desirant l'examiner de plus près, poussa son cheval dans le lac; mais le cheval se cabra et le renversa; cette chute le mit hors d'état de continuer ses observations, et il quitta Araschié. Il marcha pendant trois jours vers le sud, et s'avança jusqu'à vingt-huit degrés quarante minutes de latitude nord; mais l'importunité des Arabes et le mauvais état de sa santé le forcèrent de retourner à Alexandrie, où il arriva le 2 avril 1792. Il lui fut impossible de faire la moindre remarque pendant le reste de ce voyage; attaqué à la fois de la fièvre et de la dissenterie, il resta continuellement couché sur un chameau. En se rendant à Araschié, il avait observé, à six milles de Siwah, un petit temple d'ordre dorique, dans les proportions les plus régulières, et bâti d'une pierre calcaire remplie de pétrifications marines. Siwah est à douze journées du Caire, douze de Charjé en Elwah, et treize ou quatorze de Derna, sur la côte.

L'année suivante, M. Browne tenta, mais sans succès, de pénétrer en Abissinie. A peine arrivé à Assuan, il fut forcé de revenir sur ses pas, à cause des divisions qui existaient entre les beys de la Haute-Égypte. Il parcourut les ruines de Thèbes, et eut occasion de reconnaître que les joueurs de harpe, dessinés par Bruce, n'étaient pas conformes aux modèles. Les habitans de ce canton sont féroces, et ne ressemblent point à ceux du reste de l'Égypte;

ils habitent des souterrains, comme les anciens Troglodytes. A Kourna, lorsqu'il demanda un guide, une femme lui cria : *Avez-vous peur des crocodiles ?* Et elle ajouta très-laconiquement : *Nous sommes des crocodiles.* A Isna, on lui apprit que le roi des crocodiles faisait sa résidence près de cette ville. Cette superstition ressemble au respect religieux que les Nègres de l'Amérique ont pour le cayman. M. Browne employa le reste de la saison à apprendre l'arabe, et à visiter plusieurs villes de l'Égypte ; il fit un voyage à Cosseir, sur la Mer-Rouge, et de là au mont Sinaï, par l'isthme de Suez. Son séjour dans cette partie lui fournit l'occasion, non seulement d'acquérir des connaissances exactes sur la topographie et les productions naturelles de l'Égypte, ainsi que sur le natron qui se trouve dans certains lacs près de Térané, mais encore d'observer le caractère et les mœurs des Cophtes, qui sont les premiers Égyptiens. Il peint les Cophtes comme un peuple ingénieux et spirituel, ressemblant à l'Arabe par son teint basanné, ses cheveux bruns et ses yeux vifs et noirs, et n'ayant pas le moindre rapport avec les traits du Nègre. Le résultat de ses recherches lui confirma que la langue cophte ne se parlait plus, et ne se conservait que comme langue morte; cependant, le peuple de la Haute-Égypte en a encore retenu une infinité de mots. On lui fit voir beaucoup de manuscrits composés dans cette langue, parmi lesquels se trouvait un *Lexicon* ou dictionnaire *arabe-cophte*. Le mécanisme de cette langue a beaucoup d'affinité avec celui des dialectes de l'Arabie, de la Palestine, d'Aram et de Chaldée qui en dérivent; le peu d'ouvrages littéraires qui nous ont été transmis dans cette langue, annoncent un peuple qui était déja civilisé à l'époque la plus reculée de l'histoire. Ces écrits sont dignes d'occuper les amis de la littérature et des sciences; mais les savans qui se sont attendus à tirer de l'étude de cette langue l'explication des hiéroglyphes et des caractères symboliques des anciens Égyptiens, ainsi que la connaissance des premiers élémens de l'écriture, se sont trop flattés, et sont tombés dans une erreur évidente. Le cophte était le langage d'une nation commerçante, la plus ancienne dont l'histoire fasse mention; cette nation ayant été plusieurs fois conquise et repeuplée par ses ennemis victorieux, on ne peut raisonnablement espérer que la langue ait conservé sa simplicité primitive. L'alphabet cophte actuel est composé de cinq lettres, et le vocabulaire comprend un nombre considérable de mots, qui sont dérivés de l'ancien égyptien; mais la forme des autres caractères et la plus grande partie des mots font voir clairement que cette langue tire aussi son origine du grec. M. Browne pense que l'opinion de Volney sur la couleur du Nègre et sur les traits des anciens Égyptiens, est entièrement dénuée de fondement. Les traits et la couleur des antiques momies, autant qu'on peut en juger, sont les mêmes que ceux des cophtes modernes, qui ne ressemblent nullement aux Nègres. Les joueurs de harpes, et les autres figures humaines qu'on trouve dans les souterrains de la Thébaïde, présentent les mêmes caractères distinctifs; les statues d'Isis sont aussi sur le même dessein. La figure du Sphinx se trouve à présent trop altérée par le temps pour qu'on puisse y distinguer ou les traits du cophte ou ceux du Nègre. Mais, au reste, peut-on tirer aucune conjecture fondée, de tant de statues emblématiques? et personne osera-t-il, d'après la figure d'*Anubis latrator*, supposer l'existence d'un peuple à tête de chien?

Les mêmes causes qui avaient empêché M. Browne, l'année précédente, de pénétrer dans l'Abissinie par la Nubie, existaient encore; la route de Masouah, sur le bord de la Mer-Rouge, était regardée comme absolument impraticable aux Européens, et M. Robart avait tenté vainement de la traverser en 1788 : M. Browne saisit donc l'occasion que lui offrait le départ de la caravane du Soudan, pour pénétrer dans l'intérieur de l'Afrique par la route du Darfour.

Les naturels du Darfour qui se trouvent en Égypte, sont humains et obligeans, même envers les chrétiens du pays; ils sont en général beaucoup plus tolérans que les autres mahométans. M. Browne se persuadait qu'une fois arrivé dans le Darfour, il aurait le choix de plusieurs routes pour se diriger alternativement sur tous les points, et il se flattait que la longueur d'un semblable voyage serait amplement rachetée par les découvertes précieuses qu'il serait dans le cas de faire sur les mœurs des Africains; il ne doutait pas qu'il ne fût bien reçu, et il espérait que ce premier accueil dans le Darfour, lui servant de recommandation dans les autres royaumes de l'intérieur, le mettrait, pour l'avenir, à l'abri des soupçons des naturels; il croyait qu'il lui serait facile de pénétrer dans l'Abissinie par le Cordofan, ou de traverser l'Afrique de l'est à l'ouest, en suivant une route jusqu'alors inconnue aux Européens, et qui lui fournirait l'occasion de déterminer une infinité de positions géographiques, et de recueillir des observations importantes sur les mœurs des Naturels et sur leur commerce. Il avait appris que les habitans du Darfour portaient leurs *selatis* (expéditions militaires qu'ils font sur leurs voisins pour se procurer des esclaves), à plus de quarante journées vers le sud, le long des rives du *Bahr-al-Abiad* qu'il jugeait être le véritable Nil; et il imaginait qu'en suivant une de ces expéditions, il parviendrait, non seulement à s'assurer de ce fait, mais encore à traverser plus de cinq degrés d'un pays où aucun voyageur éclairé n'avait pénétré avant lui. En conséquence, il acheta cinq chameaux, à Assiut, où il rejoignit la caravane du Soudan ; et il partit avec elle, des environs de cette ville, le 18 mai 1793. Les voyageurs parcoururent un pays stérile et montagneux, et arrivèrent le 31, à Gebel-Ramlie, montagne très-escarpée, après laquelle ils entrèrent dans le désert. Du haut de ce rocher, ils aperçurent devant eux une immense vallée couverte de sable et de pierres, sans autre signe de végétation que quelques dattiers épars de loin en loin. Ils arrivèrent le second jour à *Elwah*, ou *Al-Wahat*, le plus grand des oasis, dans lequel est situé le village de *Charjé*, à vingt-six degrés vingt-cinq minutes de latitude nord, et vingt-neuf degrés quarante minutes de longitude est, ainsi que celui de Mughess qui est tout à fait au sud, à vingt-cinq degrés dix-huit minutes de latitude nord, et vingt-neuf degrés trente-quatre minutes de longitude est: cet oasis ne produit guère que des dattes. Ce fut là que M. Browne apprit que le petit oasis, nommé aussi Elwah-el-Gurbi, se trouvait à environ quarante milles plus au nord. On dit que cet oasis renferme beaucoup de ruines et d'antiquités, et qu'il est, en quelque sorte, le point de réunion des tribus d'Arabes Mogrebins, qui sont très-nombreuses dans ce désert, et qui peuvent en se réunissant lever une armée de trente mille hommes. Le 15 juin, la caravane quitta Mughess, et arriva le 20 à **Sheb**, vingt-trois degrés trente cinq minutes de latitude nord, et trente degrés dix minutes de longitude est, où l'on trouve une quantité considérable d'alun naturel; le sol est composé d'une terre argilleuse et de pierres rougeâtres. De Sheb, les voyageurs allèrent à Selime, à vingt degrés quinze minutes de latitude nord, et trente degrés quinze minutes trente secondes de longitude est, petite vallée fertile au pied d'une chaîne de rochers. Ils y trouvèrent un petit bâtiment en pierre, au sujet duquel les Jelabs rapportèrent une infinité de contes, assurant qu'il avait été habité autrefois par une princesse guerrière, nommée Selimé, qui avait été la terreur des Nubiens. Après avoir laissé derrière eux Leghea, vingt degrés dix minutes trente secondes de latitude nord, vingt-neuf degrés quatre minutes de longitude est, et la mine de sel de Bir-el-Maha, dix-huit degrés huit minutes de latitude nord, vingt-neuf degrés quatre minutes de longitude est, ils arrivèrent dans le Darfour, le 25 juillet, et séjournèrent dans le village de Sweini. M. Browne s'aperçut bientôt que les fatigues de la route n'étaient pas les seules difficultés qu'il aurait à vaincre. Tous les gens de la caravane s'étaient répandus dans les environs, il était resté seul près de son bagage ; les naturels, assemblés autour de lui, l'examinèrent avec un mélange de curiosité et de mépris. Ils trouvaient qu'il portait sur sa figure les marques de l'infériorité de son espèce, et que la blancheur de son teint ne pouvait être que la suite d'une maladie, ou l'effet de la colère divine. Pour faciliter ses opérations dans le Darfour, où l'on disait que tout le commerce se faisait par simple échange, M. Browne avait pris à son service un naturel du Caire qui avait été autrefois marchand d'esclaves. Cet homme, avec lequel il eut un démêlé pendant la route, ne se contenta pas de lui voler une partie de ses effets ; il s'appliqua encore à insinuer des soupçons contre lui dans l'esprit du sultan ; il parvint de cette manière à empêcher que M. Browne ne fût admis à l'audience du souverain, et il obtint un ordre pour le faire reléguer à Cobbé, où le malheureux voyageur fut obligé d'habiter la maison même des agens de cette intrigue. M. Browne y fut attaqué d'une fièvre cruelle qui le força à garder le lit. Aussitôt après sa convalescence, il se rendit à *El-Fasher* pour y obtenir une audience du roi; mais il fut traité avec mépris : à peine put-il être admis à se présenter au lever du prince, et jamais il ne lui fut possible de lui adresser la parole. Tous les effets qu'il avait apportés dans le Darfour, furent saisis, et il en fut fait une évaluation arbitraire. Cependant, comme l'individu chez lequel il logeait à El-Fasher l'accusait, quoique sans fondement, d'avoir violé une de ses esclaves, et qu'il exigeait, à cette occasion, une indemnité considérable, le roi se détermina à interposer son autorité, et à prendre M. Browne sous sa protection, afin d'empêcher qu'on n'exerçât de justes représailles sur les propriétés de ses sujets en Égypte. M. Browne alla ensuite loger chez le melek des Jelabs (l'officier chargé de protéger les marchands étrangers); le melek le traita avec toutes sortes d'égards; M. Browne, profitant des bonnes dispositions de cet officier, chercha à obtenir par sa médiation, la restitution des effets qu'on lui avait pris, et la permission d'accompagner l'expédition militaire qui se préparait pour aller faire des esclaves. Mais on l'avertit qu'il périrait indubitablement soit par la cupidité des pillards qu'il allait suivre. soit par le fer des nations chez lesquelles on portait la guerre. Renonçant donc à ce projet, il demanda à passer dans le Birgou, le premier état mahométan qui se trouve à l'ouest, ou à traverser le Cordofan pour se rendre dans le Sennaar; mais le melek lui observa que ces deux routes étaient également impraticables, à cause des divisions qui existaient entre le Birgou et le Darfour, et des troubles qui agitaient le Cordofan. Il lui conseilla, en conséquence, de saisir la première occasion qui se présenterait pour retourner en Égypte. D'autres difficultés s'opposaient en même temps à son retour dans ce pays; le sultan retenait la caravane, jusqu'à ce qu'il fût parvenu à négocier avec les beys, un commerce exclusif pour son propre compte. Le melek promit cependant à M. Browne d'employer tout son crédit pour faciliter son départ; mais il mourut quelques semaines après, et M. Browne perdit avec son protecteur toutes les espérances dont il s'était flatté. Le sultan le traitait toujours avec mépris. Le bruit courait même que l'intention du roi était de ne pas lui permettre de sortir du Darfour. Une circonstance semblait encore confirmer ces rapports: on lui fit payer, à cette époque, une faible indemnité de cent vingt piastres, au lieu de sept cent cinquante pour le montant des marchandises dont on l'avait dépouillé. Cependant il lui fut permis de voir quelquefois le sultan, mais jamais de lui parler sous aucun prétexte; il se présenta sans succès à une grande audience publique, où le sultan parut dans sa magnificence; le prince était assis sur un trône splendide; un de ses officiers criait de temps en temps: « Voici le grand *buffle*, le *taureau* » des *taureaux*, l'*éléphant* incompara- » ble, le puissant sultan Abd-el-Rachman- » el-Rachid. Dieu conserve ses jours ! O » mon maître, que Dieu te protège et te » rende toujours victorieux!... » Ces titres que prend le monarque du Darfour, ont assez de ressemblance avec les épithètes dont se décorent d'autres princes barbares, et peuvent servir en quelque sorte à marquer le degré de civilisation où se trouve ce royaume. Les rois du Mexique prenaient le surnom de *coupeurs de têtes*, de *buveurs de sang*. Le roi d'Achem, dans l'île de Sumatra, se qualifie de *maître du ciel et de la terre et des vingt-quatre parasols*; de prince redoutable, *dont le génie est aussi pénétrant qu'une balle est ronde*. L'empereur du Monomotapa prend le titre de *grand magicien* et de *grand voleur*. Pendant trois ans que M. Browne demeura dans le Darfour, son sort fut toujours le même. Il se livra à la médecine, et fit quelques cures heureuses. Cependant son courtier égyptien n'ayant pu le faire assassiner, comme il l'avait tenté plusieurs fois, en excitant contre lui la populace, essaya de l'empoisonner ; la position du malheureux voyageur devenait désespérée, toutes ses ressources étaient épuisées, et le sultan persistait à lui refuser la permission de sortir de ses états. Dans cette cruelle conjoncture, M. Browne eut recours à un artifice; il persuada au chef de la caravane et aux principaux marchands qui la composaient, qu'il y aurait du danger pour eux à retourner en Égypte sans lui, leur donnant à entendre qu'il avait trouvé le moyen d'y faire parvenir des plaintes sur la manière dont il était traité dans le Darfour. Ces insinuations produisirent un bon effet; les marchands conçurent des craintes; et, grâce à leurs sollicitations, le sultan consentit au départ de M. Browne; il arriva à Assiut en Égypte, dans l'été de 1796, après une absence de plus de trois ans. Durant son séjour dans le Darfour, M. Browne fit des recherches nombreuses sur les peuples voisins de cet empire, sur la position et la nature du sol qu'ils habitent. Il rassembla une infinité d'observations curieuses; mais il lui fut souvent très-difficile d'acquérir des détails exacts sur ces différens pays, et sur leurs productions particulières. Ceux qui auraient pu lui donner quelques éclaircissemens à ce sujet, arrivaient souvent de leurs voyages dans un tel état d'épuisement et de fatigue, qu'ils se trouvaient incapables de répondre à ses questions; il obtint cependant divers renseignemens sur le Darkulla, le Birgou, le Begarmi et le Bornou: il entendit citer le Zamphara ou Zanfara, comme un pays voisin du Bornou; mais jamais on ne lui nomma le Wangara. Il apprit qu'Afnou, qui confine à l'ouest du Bornou, abondait tellement en argent, que les naturels emploient ce métal pour faire leurs armes défensives, qu'ils en garnissent la selle et la bride de leurs chevaux; qu'en général ils ornent leurs caparaçons de chiffres et de cors, comme c'était l'usage en Europe dans le temps de la chevalerie. M. Browne rencontra dans le Darfour un marchand du Birgou, qui avait demeuré quelque temps à Sennaar, où il avait accompagné M. Bruce lorsqu'il partit de Gondar. Ce marchand rapporte qu'Yakub jouissait de la plus haute considération à la cour d'Abissinie; qu'il y cultivait l'astronomie, et qu'il avait été nommé gouverneur de Ras-el-Feel : les différens détails qu'il donna, confirmèrent la relation d'un négociant armenien, que M. Browne avait rencontré à Suèz en 1793, et qui avait visité Gondar pendant que M. Bruce y était encore; ce négociant lui avait assuré qu'on n'y prononçait jamais le nom de M. Bruce qu'avec respect et admiration. Sonnini dit avoir vu, dans un couvent cophte, au milieu du désert de Nitrie, un moine qui avait été en Abissinie, à l'époque où un Européen jouissait, à la cour du prince, de la plus haute faveur, et y était considéré comme un homme du plus grand mérite. Sonnini ajoute que les dates indiquées et mille autres circonstances déterminent à croire que ce voyageur était M. Bruce, dont l'expédition en Abissinie se trouve constatée par une infinité de preuves que le hasard lui a fait rencontrer. Ces témoignages, joints à celui d'un Abissinien que sir W. Jones a vu dans le Bengale, suffisent indubitablement pour rendre authentique la relation de M. Bruce. M. Browne prévient que les deux personnes qui lui ont procuré la plupart de ces renseignemens, prétendaient que M. Bruce n'avait pas reconnu les sources du *Bahr-el-Azrac*; mais leur opinion à cet égard n'est d'aucun poids, puisqu'il n'ont jamais accompagné M. Bruce dans ses excursions, et qu'ils ne faisaient que répéter eux-mêmes ce qu'ils avaient entendu dire de ce voyageur. A son retour en Égypte, M. Browne apprit des patriarches cophtes, que depuis neuf ans, il n'y avait plus la moindre communication entre l'Abissinie et l'Égypte, à cause des troubles qui régnaient à Sennaar et dans la Nubie. Arrivé au Caire, il se détermina à traverser la Syrie, pour revenir en Europe; il expédia, en conséquence, la plus grande partie de ses effets à Alexandrie, où ils tombèrent au pouvoir des Français qui se trouvaient alors maîtres de cette place; M. Browne s'embarqua sur un petit bâtiment qui le conduisit à Jaffa; après avoir traversé la Syrie et la Natolie, il se rendit à Constantinople, passa par la Valachie et l'Allemagne, et arriva en Angleterre le 16 septembre 1798, après une absence de près de sept ans. La perte de ses malles, à Alexandrie, le priva d'une infinité de notes précieuses sur son voyage, d'observations géographiques et astronomiques, de remarques d'histoire naturelle, ainsi que d'un vocabulaire de la langue du Darfour écrit de sa main, d'un itinéraire de l'Afrique orientale, et d'un registre des opérations de la caravane du Soudan, depuis l'année de l'hégire 1150, copié sur un livre appartenant au sheik du marché des esclaves au Caire (*).

(*) *Voyage* de M. Browne *en Afrique, en Égypte et en Syrie. Magasin encyclopédique. Voyage* de Sonnini *en Égypte. Voyage* de Volney *en Syrie et en Égypte. Voyage* de Horneman *en Afrique.*

CHAPITRE V.

Relation de M. Horneman. — Ummessogheir. — Siwah. — Antiquités de l'oasis d'Ammon. — Danger que court M. Horneman à Schiacha. — Augila. — Temissa. — Description du Harutsch noir et du Harutsch blanc. — Arrivée de la caravane au Fezzan. — Zuila. — Mourzouk.

Monsieur Browne avait à peine quitté l'Égypte, qu'un nouveau voyageur s'élançait dans la carrière. M. Frédérick Horneman, né en Allemagne, enflammé de la passion des découvertes, avait fait offrir ses services à la société d'Afrique. Sa proposition ayant été accueillie, il employa une partie de l'été de 1796 à étudier l'arabe et les autres langues orientales; il partit de Londres en mai 1797, et, à son passage à Paris, il fut présenté à l'Institut national par le célèbre M. Delalande, qui lui donna un exemplaire de son ouvrage intéressant sur l'Afrique. M. de la Roche lui fit faire la connaissance d'un négociant turc de Tripoli, qui résidait alors à Paris. Ce Turc lui remit une lettre en arabe pour un de ses amis du Caire, auquel il le recommandait. M. Horneman s'embarqua à Marseille, et, après avoir relâché à Lernica et à Caroubé, il arriva le 10 septembre à Alexandrie, et delà au Caire. Il n'attendait plus que la réunion de la grande caravane, lorsque la peste vint à éclater, et retarda son départ. A peine la contagion avait-elle cessé ses ravages, que l'arrivée des Français à Alexandrie détruisit de nouveau ses espérances. Les marchands se dispersèrent. Il fut enfermé dans le château qui devint pour lui, ainsi que pour tous les Européens qui se trouvaient au Caire, un asile contre la fureur de la populace. Cependant, à l'entrée des Français dans la ville, il fut mis en liberté, et présenté au général Bonaparte, qui l'accueillit avec bonté et lui procura tout ce qui pouvait être nécessaire au succès de son entreprise. La caravane ne tarda pas à se rassembler ; et, comme il se proposait de l'accompagner en qualité de marchand mahométan, il prit à son service un Allemand qui parlait très-bien le turc et l'arabe, et qui, douze ans auparavant, avait été obligé de prendre le turban.

Le 5 septembre 1798, on se mit en route; M. Horneman rejoignit le grand corps de la caravane, un peu au-dessus de Kardaffi, petit village à quelques lieues du Caire. Le soir, on campa près de Baruasch. Le lendemain, on ne s'arrêta qu'après le coucher du soleil. Les tentes étaient dressées, et le domestique de M. Horneman disposait son souper, quand un vieil Arabe qui voyait le maître oisif, lui dit avec aigreur : « Tu » es jeune, et tu n'aides pas à préparer ton » repas ! Tel peut être l'usage chez les in- » fidèles ; mais il n'en est pas ainsi parmi » nous. Chacun ici prépare ce qu'il man- » ge et se rend utile comme le plus pauvre » Arabe ; on te prendrait pour une fem-

» melette ; et il ajouta, en fronçant le » sourcil, tu as sans doute beaucoup d'ar- » gent, et tu payes bien cet homme-là. » M. Horneman sentit la leçon, s'occupa et gagna bientôt l'estime de ses compagnons. Le jour suivant, au moment où la caravane allait s'arrêter pour prendre de l'eau fraîche à Wadey-el-Latron, on aperçut une bande de Bedouins. Cette rencontre jeta l'alarme parmi les marchands ; le sheik s'avança lui-même à la tête de vingt Arabes et de quelques Twaricks pour s'emparer de la source ; mais les Bedouins avaient déjà disparu. On se hâta de remplir les outres et d'abandonner ce lieu. Le 8 septembre la caravane entra dans le désert et campa près de Muhabag ; le lendemain elle s'arrêta à l'entrée de la vallée de Mogara. Le 10 septembre, la marche fut fatigante. Vers la fin de la journée le cheval d'un Arabe se trouvant épuisé, et ne pouvant suivre la caravane, M. Horneman rallentit le pas pour tenir compagnie au cavalier et lui être utile au besoin. Arrivé au camp, l'Arabe le pria d'accepter deux tranches de chair de chameau, comme une faible marque de sa reconnaissance; quelques pélerins regardaient avec envie ce mets délicieux: M. Horneman combla leur surprise et leur joie en le leur distribuant (*).

Le 11, la caravane arriva à Biljoradec, ou *Jahudié*, mot qui signifie *mauvaise eau*. Dans la marche du 13, elle traversa une chaîne de montagnes(**), dont le som-

(*) Le voyageur porte avec lui une provision de farine, de kouskous, d'oignons, de graisse et d'huile : les riches ajoutent à cela du biscuit et de la viande sèche. Dès qu'on a déchargé les chameaux, les esclaves creusent un trou dans le sable pour faire du feu ; ensuite ils vont chercher du bois et trois pierres qui servent à soutenir le chaudron. Les maîtres seuls mangent de la viande. Le repas ordinaire est une espèce de bouillie préparée dans un vase de cuivre, qui sert également à donner à boire aux chameaux.

(**) Le désert qui forme la limite de l'Égypte s'étend depuis Wodey-el-Latron, jusqu'aux montagnes d'Ummessogheir ; au nord il est borné par une chaîne de montagnes arides, dont le pied est environné de sources et de marais : ses limites, du côté du sud, ne sont pas encore déterminées. Les eaux qui sont sur sa surface sont d'une amertume insupportable. Cependant, en creusant à six pieds de profon-

me était généralement couvert d'une substance saline. Il se trouva une source sur un de ces plateaux. Hérodote indique des sources d'eau douce sur ces montagnes de sel ; mais celle-ci était si amère qu'il fut impos-

deur, on pourrait trouver de l'eau douce. Dans cette vaste plaine on trouve du bois pétrifié de toutes sortes, et sur-tout du chêne. Souvent on voit de ces arbres pétrifiés qui semblent encore tenir à la terre par leurs racines ; mais ce sont des troncs relevés par des voyageurs, et aux pieds desquels le vent accumule le sable. Ces pétrifications sont presque toujours noires ; mais elles ressemblent quelquefois si fort au bois dans son état naturel, que les esclaves en ramassent souvent pour faire du feu. C'est sans doute dans quelque partie de ce désert qu'on pourrait retrouver des traces de la branche occidentale du Nil, citée par les anciens.

Horneman avoue n'avoir remarqué aucun lit de rivière dans sa route. Les voyageurs qui traverseront ce désert, feront bien de diriger leurs observations vers le pied de cette montagne qui est à l'ouest de Wadey-el-Latron, et sur-tout du côté de Muhabag. Le nom de Bahr-bea-ma, qui signifie *mer sans eau*, convient bien à cette immense vallée ; mais parmi ces pièces de bois pétrifiées que les eaux sembleraient y avoir déposées, on ne reconnaît pas la main de l'ouvrier. Des observateurs superficiels auront pris pour des fragmens de mâts des troncs brisés en éclats. La vallée de Mogara pourrait bien être une des branches de la Bahr-bea-ma ; mais cette vallée diffère de toutes celles qui contiennent des oasis, en ce que l'eau douce ne remonte pas jusqu'à

sible d'en boire. Le 15 septembre, la caravane arriva au petit village d'Ummessogheir. Ce village est bâti sur un rocher; il ne compte que trente hommes en état de porter les armes. Les maisons sont basses, construites en terre et couvertes de branches de dattiers. Quelques-unes sont élevées sur d'anciennes catacombes taillées dans le roc. Les habitans, quoique pauvres, sont hospitaliers. La caravane campa au pied du rocher; et après quelques jours de repos, elle se rendit à Siwah, situé à une journée plus loin.

Siwah est un petit état indépendant qui reconnaît cependant le grand sultan. Sa capitale porte le même nom; il comprend encore cinq petits villages qui sont Scharkié ou Agrémié, Monakié, Sbocka, et Barischa. La ville de Siwah est bâtie sur une

---

sa surface; aussi est-elle totalement stérile. Beaufoi donne le nom de *Lemagra* aux montagnes qui bordent la vallée de Mogara. On peut présumer que le mot de *Lemagra* n'est qu'une syncope de El-Mogara. Cette chaîne est le mont *Ogdamus* de Ptolemée. *Géo. afri. t.* 3. M. Rennel.

masse de rochers escarpés; les maisons sont mal construites et si près les unes des autres, qu'on y voit à peine dans les rues en plein midi. Ces rues sont d'ailleurs si tortueuses, qu'un étranger ne saurait y trouver son chemin sans le secours d'un guide. Siwah peut se comparer à une ruche par l'aspect qu'il présente, et par le bruit confus qui sort de ces rues étroites. On a construit au pied du rocher, des écuries pour les animaux, qui ne pourraient monter dans la ville. Le territoire de Siwah est étendu; son sol est une argile sablonneuse; dans quelques endroits, il est marécageux. Le canton le plus fertile est une vallée de dix à douze milles de circonférence, arrosée par de nombreux ruisseaux. Au nord de Siwah, on trouve, à quelques pieds de profondeur, une couche de sel qui a près d'un mille d'étendue. A quelques milles vers l'ouest, M. Horneman découvrit les ruines d'un édifice considérable, qui lui parut être le même que celui décrit par M. Browne; ces ruines sont situées entre le village de

Scharkié et une montagne isolée, d'où il s'échappe une source d'eau vive. Les quatre côtés de l'édifice font face aux quatre points cardinaux, à douze degrés près d'inclinaison. Toute sa superficie peut s'évaluer à quelques centaines de verges, ainsi que l'indiquent les fondations du mur d'enceinte. L'intérieur paraît avoir été creusé, dans l'espoir d'y trouver des trésors. Au centre de cet emplacement, on voit les restes d'un bâtiment principal, qui peut avoir à l'extérieur, suivant Horneman, de vingt-quatre à vingt-sept pieds de haut, et autant de large, sur trente à trente-six de long (*). Les murs sont en cailloutages, revêtus en dedans et

(*) M. Browne, qui a mesuré ce temple intérieurement, et sans doute avec plus d'attention que M. Horneman, lui donne trente-deux pieds de long, sur dix-huit de haut et 15 de large. Cette espèce de contradiction entre les deux voyageurs disparaît tout à fait, en considérant que M. Horneman, n'ayant pu établir qu'à vue d'œil les dimensions qu'il nous donne, a dû se tromper à quelques égards : continuellement arrêté par la crainte de réveiller les soupçons des naturels, il n'a pu mesurer que l'extérieur ; et, si l'on déduit de ses calculs l'épaisseur des murs, qui est de six pieds, on le trouvera bientôt d'accord avec M. Browne.

en dehors de pierres de tailles liées avec de la chaux. Le toit est formé de grosses dalles, ayant chacune quatre pieds de large, sur trois d'épaisseur. Une de ces masses s'est détachée et s'est rompue en tombant. Tout le mur, du côté du midi, est écroulé; mais les débris en ont été enlevés. La partie septentrionale est sise sur un rocher calcaire, élevé de huit pieds au-dessus du sol. La base de la partie méridionale paraît avoir été plus basse; on suppose que c'est dans cette partie inférieure que devait être pratiquée l'*adytum*, où se rendaient les oracles. Il y a trois entrées : la principale est au nord, les deux autres sont à l'est et à l'ouest. Les murs paraissent avoir été décorés d'hiéroglyphes en relief; mais les figures sont presqu'entièrement détruites. Près de là, dans un champ de dattiers, se trouve une fontaine d'eau douce qui passe pour être alternativement chaude et froide (*). Il existe dans le voisinage de Siwah

(*) Il est évident, d'après toutes ces observations, que l'oasis de Siwah est le pays des anciens Ammonites, et que

une infinité de catacombes; elles sont réunies en quatre endroits principaux, qu'on appelle Beled-el-Kafir, Beled-el-Rusmi, Beled-el-Gamis, et el-Motta, ce dernier nom veut dire *lieu des sépultures*. El-Motta est à environ un mille au nord-est de Siwah; c'est une masse de rochers sur la pente desquels on a creusé les catacombes; chacune a son entrée séparée; la descente intérieure en est douce et conduit à une chambre, où sont pratiquées de petites cavités pour recevoir les momies. Il existe entre Siwah et El-Motta plusieurs sources salées, près de quelques autres qui fournissent de l'eau douce.

La caravane échangea à Siwah quelques marchandises contre des dattes, de la viande et de petits paniers que les femmes du pays font avec beaucoup d'adresse. Le 29 septembre, après dix jours de repos, la

---

les ruines dont M. Browne et M. Horneman ont donné la description, sont celles du fameux temple de Jupiter Ammon, construit à une époque très-éloignée, par Danaüs l'égyptien.

caravane quitta Siwah (*) et arriva en trois journées à la fertile vallée de Schiacha. Les tentes étaient dressées, et la plus grande tranquillité régnait dans le camp, lorsqu'on vint jeter l'alarme en annonçant qu'une bande de Bedouins parcouraient le désert avec le projet de piller la caravane; on disait, en même temps, que les Siwans allaient arriver pour défendre les voyageurs contre ces Arabes, dont on faisait monter le nombre à plus de mille. Le sheik de la caravanne ayant assemblé les principaux

(*) Depuis Siwah jusqu'à la vallée de Schiacha, il règne une chaîne de montagnes qui s'élèvent à pic et offrent l'aspect d'un roc pelé; leur forme et la couche de sable marin qui couvre ce désert, semblent indiquer que cette vaste étendue a été submergée. A l'ouest de Siwah, on trouve deux bancs de coquilles calcinées; les interstices de leurs couches horizontales, étant d'une substance rougeâtre, leur donnent l'apparence de pyramides construites par la main des hommes: l'illusion est si complète qu'on croit voir un monument semblable à ceux d'Égypte. En bâtissant leurs énormes pyramides, peut-être les Égyptiens n'ont-ils cherché qu'à imiter ces masses naturelles; peut-être aussi n'ont-ils fait que revêtir de pierres d'immenses rochers qui se trouvaient avoir déjà, en partie, la forme qu'on voulait leur donner.

marchands, il fut résolu d'attendre l'ennemi. Bientôt on entendit braire de loin une troupe d'ânes : ce qui annonça l'approche des Siwans; ils ne se servent pas d'autre monture dans leurs expéditions militaires. Le sheik leur envoya dire de faire halte à un demi-mille de la caravane, et qu'il les traiterait comme ennemis s'ils faisaient un pas de plus. Les Siwans s'arrêtèrent et invitèrent les musulmans à venir conférer avec eux : cependant M. Horneman avait envoyé son interprète s'informer de ce qui se passait; mais celui-ci revint bientôt avec un air effrayé : « Maudit soit, » s'écria-t-il en abordant son maître, l'ins- » tant où l'idée m'est venue de faire ce voya- » ge; nous sommes perdus! on nous prend » pour des infidèles et pour des espions. » Et aussitôt il s'arme d'un fusil à deux coups et de deux paires de pistolets. « Qu'avez- » vous à craindre? lui dit Horneman ; n'ê- » tes-vous pas mahométan? le danger, » s'il y en a, ne peut menacer que moi, et » j'espère bien le détourner, pourvu que

» vous ne vous mêliez pas de ma défen-
» se. » M. Horneman voyant que la frayeur
avait troublé la raison de cet homme, le
laissa auprès du bagage et se rendit seul
et sans armes au milieu de l'assemblée. En
entrant dans le cercle, il salua d'un air
assuré; mais les Siwans ne lui rendirent pas
le salut; et quelques-uns d'eux s'écrièrent:
« Vous êtes de ces chrétiens du Caire!
» vous êtes venus pour examiner notre
» pays. » M. Horneman s'assit sans répondre à cette clameur; mais profitant d'un
instant de silence, il s'adressa à un des
chefs dont il connaissait l'influence. « Ré-
» ponds-moi, mon frère, as-tu jamais vu
» trois cents hommes armés faire un voya-
» ge de trois journées pour venir insulter
» deux individus qui ont demeuré au mi-
» lieu d'eux pendant dix jours? Toi-mê-
» me, quand tu venais dans notre tente,
» ne nous as-tu pas trouvés souvent en
» prières et lisant l'*Alcoran?* et tu dis, à
» présent, que nous sommes des infidèles
» du Caire, de ces infidèles que nous

» fuyons nous-mêmes!.... Ne sais-tu pas
» que c'est un grand péché de traiter un
» croyant d'infidèle?» Ces paroles prononcées avec fermeté ramenèrent à l'instant une partie de l'assemblée. Le chef s'excusa en disant qu'il était convaincu que nous n'étions pas des infidèles; que, pour lui, il était prêt à retourner à Siwah, et qu'il engageait les autres à en faire autant. M. Horneman se tournant alors vers un de ceux de la basse classe, qui paraissait le plus animé contre lui: « Tais-toi, lui dit-il,
» cesse de calomnier un vrai croyant: plût
» à Dieu que je fusse en état de bien parler
» l'arabe!... je te ferais des questions qui
» mettraient au grand jour ton ignorance et
» ta méchanceté. » A cette attaque vive et hardie, les plus turbulens furent déconcertés. « Ce jeune homme est plus brave que
» l'autre, dit un vieillard, en remuant la
» tête. — Mon ami est brave et n'a peur
» de personne, lui répliqua M. Horne-
» man; craignez d'offenser un homme qui
» approche les princes et les sultans. » Ce-

pendant on lui demanda pourquoi il portait des papiers chrétiens. Il vit bien dès-lors que son interprète avait eu l'imprudence de montrer le passeport qu'il avait obtenu du général Bonaparte; il courut aussitôt chercher le papier à sa tente, d'où il rapporta, en même temps, un livre de l'Alcoran. Il présenta le passeport à un des chefs qui, l'ayant ouvert, demanda si quelqu'un l'entendait. M. Horneman répondit, à son tour, qu'il en ignorait le contenu; mais qu'on lui avait dit au Caire qu'avec ce papier il pourrait sortir de la ville sans être arrêté. Cependant l'interprète s'étant aperçu que les esprits étaient moins agités, avait reparu dans l'assemblée et montrait assez de sang-froid. « Voici le livre que j'entends, » s'écria-t-il, en prenant l'Alcoran des mains de son maître. Il savait tout le livre par cœur, il en récita plusieurs morceaux; M. Horneman en lut aussi quelques passages. A peine eurent-ils donné un échantillon de leurs talens, que les chefs de la caravane, qui jusqu'alors avaient gardé le silence, prirent hautement leur défense, et les deux voyageurs furent reconnus pour de vrais musulmans; mais ce ne fut pas sans murmures de la part de quelques mutins qui perdaient ainsi l'espoir du pillage dont ils s'étaient flattés. Pendant que M. Horneman avait laissé son bagage aux soins de son interprète, celui-ci, dans le premier mouvement de sa frayeur, craignant qu'on ne vînt visiter leurs ballots, en avait ôté les fragmens de momies et tout ce que son maître avait recueilli depuis son départ du Caire, ainsi que la plus grande partie de ses livres, et il avait chargé un esclave de confiance d'aller les cacher dans un marais voisin : lorsque le danger fut passé, il fut impossible de rien retrouver.

Le 3 octobre, la caravane quitta Schiacha, et arriva le jour suivant à Torfaue, où l'on prit une provision d'eau fraîche : elle traversa ensuite un désert considérable. On marcha toute la nuit, et dans l'obscurité une partie de la caravane se sépara du grand corps ; dès qu'on s'en aperçut, on s'arrêta pour ne pas s'égarer davantage. Au lever du soleil, on découvrit la caravane campée, à un demi-mille, dans une vallée fertile. Comme la marche avait été très-fatigante, les voyageurs se reposèrent un jour entier dans cet endroit: on n'était plus qu'à neuf lieues du territoire d'Augila. Le 7, la caravane fit son entrée à Mojabra, l'une des trois villes de l'Augila. La plupart des marchands y avaient des habitations. Le bey du Bengasi, qui résidait alors à Augila, avait envoyé une vingtaine d'Arabes pour percevoir un petit droit. Ces Arabes se placèrent à la droite de la caravane; les marchands qui avaient des chevaux formèrent l'aile gauche. Les pélerins et les pauvres Arabes se tinrent au centre, ayant à leur tête le sheik, précédé du drapeau vert; et la caravane arriva dans cet ordre à l'entrée de la ville, où elle était attendue par des vieillards et des enfans accourus pour recevoir les premiers embrassemens de leurs parens qu'ils avaient crus perdus, en apprenant la conquête de l'Égypte par les Français. Chaque habitant s'empressa de faire aux voyageurs l'accueil le plus hospitalier. Mais la caravane devant rester plusieurs jours dans cet endroit, M. Horneman partit la nuit suivante pour Augila.

Outre Mojahra, le territoire de l'Augila comprend Augila, qui en est la capitale, et Meledila; Augila est à quatre lieues des deux autres villes, dont on désigne le canton sous le nom générique de *Fallo* : l'une est au sud, et l'autre au nord de la route. La ville d'Augila était connue du temps d'Hérodote; elle est du petit nombre de celles dont l'ancien nom s'est conservé sans altération; elle a un mille de circonférence; elle est mal bâtie; ses rues sont sales et étroites; chaque maison n'a qu'un rez de chaussée; les pièces sont obscures, et ne reçoivent le jour que par la porte; elles sont rangées autour d'une petite cour sur laquelle donne chacune des portes. Les édifices publics n'ont rien qui les distingue. Mojahra, quoique moins grande, paraît beaucoup plus peuplée qu'Augila. Les habitans de Meledila s'occupent principalement d'agriculture ; ceux de Mojabra (*) se livrent au commerce, et passent leur vie à voyager ; ceux d'Augila préfèrent en général la vie sédantaire. Les gens de la campagne cultivent la terre ; mais leurs connaissances en agriculture ne sont pas fort étendues. Les femmes fabriquent une grosse étoffe qui a cinq verges de long sur une et demie de large ; c'est l'unique habillement du peuple. Le territoire d'Augila est uni et sablonneux ; mais il est assez bien arrosé, et passablement fertile ; cependant il produit peu de blé. Les Arabes du Bengasi, qui sont à quinze journées de distance,

---

(*) Les marchands de l'Augila ont ordinairement trois maisons de correspondance ; l'une à Kardaïfi, prés du Caire ; une autre à Mojabra, et la troisième à Zuila ou à Mourzouk. La plupart d'entr'eux ont un ménage dans chaque endroit ; d'autres prennent une femme dans le pays pour le temps nécessaire à leurs opérations. On observe une différence de caractère très-marquée entre ceux qui mènent une vie sédentaire, et ceux qui s'occupent du commerce. Les premiers sont polis et hospitaliers, les autres sont intéressés et menteurs.

apportent le blé et l'orge nécessaires à la subsistance des habitans, et leur vendent également des moutons et des chèvres. Le peuple en général sait l'arabe; mais le langage vulgaire est un dialecte semblable à celui de Siwah, qu'on croit être la langue *Breber*.

Le 27 octobre, la caravane partit d'Augila, en se dirigeant vers le sud-ouest. Elle était augmentée d'environ cent vingt marchands, tant du Bengasi que de Mojabra; plusieurs habitans d'Augila et du Fallo l'accompagnèrent une partie de la journée, en tirant des coups de fusil pour saluer les voyageurs. A peine ce cortége d'honneur se fut-il retiré, qu'un Arabe, accourant à toute bride, vint annoncer que la caravane était poursuivie par un gros corps de cavalerie, déjà prêt à fondre sur l'arrière-garde; le sheik fit conduire les chameaux et le bagage sur une éminence; tous ceux qui avaient des armes eurent ordre de se porter à l'arrière-garde, pour arrêter l'ennemi. Chacun s'excitait au combat; mais on apprit bientôt que c'était des troupes que le bey du Bengasi envoyait au secours de la caravane, parce qu'ayant entendu les coups de fusil tirés par les habitans d'Augila, il avait craint qu'on n'eût attaqué les voyageurs. Le second jour, on traversa une plaine, dont le sol était une pierre calcaire, recouverte de sables mouvans. Le troisième jour, la caravane parcourut un désert absolument stérile, et entrecoupé d'une infinité de petites collines qui donnent naissance à une longue chaîne de montagnes, nommées *Morai-je*. On trouve au pied de ces montagnes beaucoup de coquillages et de substances marines en pétrification, et incrustés dans un lit de pierres calcaires. Le quatrième jour, la caravane força de marche pour arriver à un endroit où il y a de l'eau; il fallut traverser une montagne dont le penchant, du côté de l'est, s'était trouvé doux et facile, mais dont la descente, du côté de l'ouest, devint si rapide et si dangereuse, que toute la caravane fut obligée de marcher sur une seule file. Les

Arabes nomment ce passage *Neddik*. La hauteur perpendiculaire du précipice est de quatre-vingts pieds; du sommet, la perspective est magnifique (*) ; on aperçoit, à quelque distance, une vallée étroite qui se prolonge à perte de vue. Pendant que chacun attendait son tour pour passer, M. Horneman tenta de descendre par un autre chemin; il y parvint, mais avec beaucoup de peine. La plaine est couverte, un peu plus loin, de roches détachées qui paraissent y avoir été déposées par les eaux. L'aspect sauvage du Neddik, ses éclats de rochers, et ses pétrifications marines attestent une

---

(*) Horneman décrit d'une manière intéressante le spectacle qu'il observa dans cet endroit pendant que la caravane défilait : « La vallée qui se trouvait au-dessous de nous, dit-il, était éclairée dans ce moment par les rayons du soleil levant qui frappaient obliquement la montagne que nous avions à franchir. Le tableau riant de cette scène éloignée, et la vue des rochers à pic et des précipices effrayans qui se trouvaient plus près de nous, formaient un contraste étonnant qui faisait sur notre esprit une impression d'autant plus vive, que de l'élevation où nous étions placés, nous ne pouvions nous empêcher de réfléchir aux dangers que nous avions à courir avant d'arriver dans la plaine. »

ade irruption de l'Océan, et confirment l'opinion des anciens à cet égard. Après dix heures de marche entre deux chaînes de montagnes semblables à celle du Neddik, la caravane entra dans la plaine du *Sultin*. Les voyageurs y prirent de l'eau pour plusieurs jours, ayant à traverser un désert de deux journées, entièrement stérile. Le 5 novembre, ils passèrent par un pays couvert de verdure et de dattiers, et le lendemain ils se trouvèrent dans un désert hérissé de rochers escarpés. De l'une de ces éminences, M. Horneman eut occasion d'observer le pays montagneux du Harutsch noir. Les naturels en racontent des *histoires merveilleuses* et le regardent comme le *pays de l'enfer*. M. Horneman prit les devans sur la caravane pour observer de plus près une de ces montagnes, qui n'était pas très-éloignée de la route. La substance de ces masses est de basalte ferrugineux; les couches, qui paraissent avoir dû être horizontales, sont à présent confondues. On découvre au loin une longue chaîne de monts noirs, qui s'élèvent les uns au-dessus des autres. La caravane voyagea pendant quatre jours entre des rochers effrayans, et par des sentiers hérissés de pierres brisées qui rendaient la marche très-fatigante. M. Horneman profita de la lenteur de la caravane pour faire une excursion vers le sud; Les montagnes qu'il examina avaient partout le même aspect que celles qui bordaient la route; souvent même elles étaient encore plus affreuses, probablement parce qu'on avait tracé le chemin de préférence le long des rochers les moins escarpés. Le 10 novembre, ils sortirent de cette région brûlée, et arrivèrent à une source nommée *Ennaté*; les plus pauvres pélerins avaient précédé la caravane pour étancher les premiers leur soif, car depuis trois jours on n'avait eu que très-peu d'eau. M. Horneman eut occasion, dans cet endroit, de partager son déjeûné avec un pauvre vieillard de plus de soixante ans, qui faisait pour la troisième fois le voyage de Fez à la Mecque, ne vivant que des aumônes qu'il recevait de la piété des voyageurs. Le désert montagneux du Harutsch est, suivant Horneman, le pays le plus remarquable qui se soit présenté à son observation pendant le cours de ce voyage; il a sept journées d'étendue du nord au sud, et cinq ou six de l'est à l'ouest. Les habitans de Mourzouk tirent leur fer des Montagnes-Noires, situées au midi, sur la route du Bornou : ce qui fait supposer que le Harutsch s'étend jusque dans cette partie. Il est probable que la surface de cette contrée a été bouleversée par l'effet d'une explosion volcanique. Cependant les inégalités du sol ne sont pas très-élevées; elles présentent des chaînes de collines qui courent dans diverses directions; entre ces monticules, il s'élève par fois des rochers isolés, dont les côtés sont à pic : il y en a qui paraissent fendus depuis le haut jusqu'au milieu. M. Horneman examina attentivement une de ces masses pendant une halte. Depuis le pied jusqu'au sommet, ce rocher était couvert de pierres détachées, semblables à celles qui sont répandues sur les collines ; le plateau sur lequel il est assis est entouré de petites monticules emboîtées les unes dans les autres. Les vallées intermédiaires sont remplies d'un sable blanc, très-léger, sur lequel on voit çà et là de gros blocs de pierres. M. Horneman ayant examiné un échantillon de la couche de terre qui se trouve sous le sable, crut y voir le résidu de matières volcanisées. On trouve aussi dans le même endroit des pierres de la couleur de la brique. Les couches qui constituent ces collines sont généralement horizontales ; mais souvent elles se trouvent obliques ou retournées. Une partie des monticules inférieures est formée d'une masse de rochers compacts, dont les crêtes sont ouvertes par des crevasses dans la direction du nord. Dans certains endroits, il n'y a ni terre ni sable, et l'on ne voit plus que des roches pelées. Toute cette contrée est entrecoupée de petites vallées qui fournissent quelquefois de l'eau ; et alors le sol, quoique d'un sable blanc, produit quelques arbres et assez de pâturage pour le bétail. On distingue souvent dans ces endroits fertiles les traces des animaux sauvages. M. Horneman suivait souvent des vallées resserrées qui se trouvaient en ligne parallèle avec la route de la caravane, dans l'espoir d'y faire quelqu'observation. Dans une de ces marches, il remarqua un jour, entre deux longues chaînes de montagnes à pic, un passage étroit, au bout duquel les rochers se resserrant des deux côtés ne formaient plus qu'une caverne de neuf pieds de profondeur sur cinq de largeur. M. Horneman, seul au milieu de cette contrée désolée, ne put, à l'aspect de cet antre sauvage, résister à un sentiment d'horreur ; il se crut, un moment, à l'entrée du Tartare. Ces montagnes renferment plusieurs autres cavernes profondes, où l'on retrouve les vestiges d'une éruption volcanique. Après le *Harutsch-el-assuat*, ou Harutsch noir, on rencontre le Harutsch blanc, *Harutsch-el-*

abiad; (*) celui-ci présente une vaste plaine couverte de monticules et de collines isolées; il s'étend jusqu'aux montatagnes du Fezzan. Les pierres répandues sur sa superficie semblent avoir été vernies, ainsi que toutes les autres substances qui sont au-dessus du sol. On trouve parmi ces pierres des fragmens de gros animaux marins pétrifiés, et sur-tout beaucoup de co-

(*) Le Harutsch blanc forme la limite du Fezzan, et s'étend au sud dans le canton des Tibbos-Reschadé. Le Harutsch noir paraît beaucoup plus étendu; il se prolonge à une distance considérable vers l'ouest, en traversant la route du Fezzan à Tripoli, et vers le sud-est, sur la route qui conduit dans le Borneu. M. Beaufoi dit aussi qu'en allant de Mesurate au Fezzan, on traverse un désert appelé *Souda*, c'est-à-dire noir; mais il ne s'accorde pas tout à fait avec Horneman sur la largeur de ce désert. Il y a dans Pline un passage qui prouve que ce désert était connu des Romains, qui l'avaient traversé dans leurs expéditions contre le Fezzan et la Nigritie: ils avaient même trouvé et tracé la route la plus courte, à travers les montagnes. Pline dit que, depuis Cydamus, à présent Gadamis, qu'il place vis-à-vis *Sabrata*, *Sabra*, ou le vieux Tripoli, sur le bord de la mer, il s'étend au loin, vers l'ouest, une chaîne de montagnes brûlées, appelée par les Romains *Mons Ater*: il ajoute qu'au delà de ces montagnes on trouve des déserts, et le pays de Garamantes (aujourd'hui le Fezzan).

quillages entiers, qui, lancés avec force contre la pierre, rendent un son aigu et se fracturent comme du verre. On voit aussi sur les collines qui bordent la plaine des têtes de poissons qu'un homme pourrait à peine remuer. La caravane était encore à une heure de marche de Temissa (*), ville frontière du Fezzan, quand les habitans vinrent au-devant d'elle pour féliciter les voyageurs. Ce peuple est particulièrement complimenteur; il regarde comme une politesse de renouveller sans cesse les mêmes questions. Un jeune homme bien vêtu attira sur-tout l'attention de Horneman par la répétition assommante de ses salutations; il avait accosté un Arabe d'Augila, et lui prenant la main, il le retenait par ses civilités interminables: l'Arabe, à la fin, le quitta, pour rejoindre ses compagnons; mais le jeune Fezzanais, persuadé qu'il manquerait de politesse s'il bornait là son

(*) Temissa est à sept heures de marche à l'est de Zuila ; c'est le *Tamest* d'Edrisis. Cette ville est située, suivant lui, à quarante journées du Caire.

compliment, se mit à courir à côté de son cheval, pendant près d'un demi-mille, en recommençant toujours la même conversation qui se bornait à ces deux phrases : « *Comment te portes-tu ? — Bien. — » Comment te portes-tu, toi-même ? — » Dieu soit loué de ce que tu sois ar- » rivé en paix ! — Dieu t'accorde la » paix !* »

Aux approches de Temissa, les pélerins se mirent en ordre avec leurs timbales et leur drapeau vert. Les marchands se rangèrent à la tête de la caravane, et l'on arriva ainsi au lieu désigné pour le campement. Les femmes, assemblées en dehors des murs, accueillirent les voyageurs par des cris de joie répétés.

Temissa est une ville fort peu importante ; à peine peut-elle fournir quarante hommes en état de porter les armes ; elle est bâtie sur une colline, et environnée d'une haute muraille qui serait en état de la défendre contre l'attaque des Arabes errans, si elle était entretenue ; mais elle s'est écroulée en plusieurs endroits, et les habitans ne songent pas à la relever. On y trouve quelques ruines de vieilles maisons, construites en pierres calcaires et cimentées avec un mortier rougeâtre ; ces ruines démontrent que les anciens habitans de Temissa savaient mieux bâtir que ceux d'aujourd'hui ; car ceux-ci n'habitent que de mauvaises huttes. Ils ont beaucoup de chèvres et de moutons ; l'âne est leur seule bête de somme ; le pays produit des dattes en abondance ; il fournit aussi un peu de blé.

Le lendemain, la caravane partit pour Zuila ; elle fit route, pendant une grande partie du chemin, entre des vergers de dattiers et sur un terrain assez uni. Les voyageurs s'arrêtèrent à une petite distance de Zuila pour se préparer à entrer dans cette ville. Chacun se para de ses plus beaux habits, et le sheik fit déployer le drapeau vert en l'honneur des sheiks qui résident dans cette ville. Zuila (le *Cillaba* de Pline) est une des principales places du

Fezzan; elle est la résidence des plus riches habitans, et souvent même des princes de la famille du sultan; aussi, on lui a donné le nom de *Belled-el-shérif* (ville des shérifs); sa circonférence paraît avoir été jadis trois fois plus grande qu'elle n'est aujourd'hui. On est fondé à croire qu'elle a été, il y a plusieurs siècles, la demeure des sultans du Fezzan et le grand rendez-vous des caravanes; celle de Bornou, dit encore aujourd'hui le voyage à Sœla ou Sila (Zuila), en parlant du voyage au Fezzan.

Zuila peut avoir un mille de circonférence. Les maisons, comme à Augila, n'ont qu'un rez de chaussée; et ne sont éclairées que par la porte. Au centre de la ville, on voit les ruines d'un bâtiment considérable, qu'on dit avoir été, autrefois, le palais des sultans. Hors de la ville, du côté du midi, on trouve les restes d'une vieille mosquée, au centre de laquelle on voit une salle spacieuse, environnée d'une colonnade élevée, avec de larges vestibules, et des portes qui conduisent à divers appartemens dépendans de la mosquée. On trouve encore, un peu plus loin de la ville, quelques édifices anciens et fort élevés : ce sont les tombeaux des shérifs qui ont péri au champ d'honneur, dans un temps où le pays fut attaqué par des infidèles. Ces ruines suffisent pour donner une idée de l'ancienne magnificence de cette ville. Les environs de Zuila sont unis, bien arrosés et très-fertiles. Les habitans paraissent s'appliquer à l'agriculture avec beaucoup plus de soin que ceux des villes voisines. Ils ont conservé l'antique *hospitalité des Arabes.* Le shérif envoya dans chaque tente un plat de viande, du bouillon, et dix petits pains. C'est une coutume très-ancienne à laquelle il ne manque jamais, dès qu'il arrive une caravane.

De Zuila, la caravane se rendit à *Héméra,* petit village assez pauvre, quoique ses environs soient très-fertiles. M. Horneman y mangea pour la première fois le fameux mets du pays : ce sont des sauterelles ou cigales sèches; on leur ôte les pattes et les ailes, et l'on vide le corps : ce mets a un goût de hareng saur très appétissant. Il y but aussi du *lugibi*, boisson relâchante, faite avec du jus de dattes.

Le lendemain, la caravane reçut la visite des officiers du sultan, qui venaient pour prendre note des marchandises, ce qui ne se faisait ordinairement qu'aux portes de Mourzouk. Cet incident déconcerta ceux qui s'attendaient à se défaire, avant d'arriver, des deux tiers de leur pacotille; mais, pour se soustraire aux droits, quelques-uns mêlèrent leur bagage avec celui des pélerins, de des qui on n'exige jamais rien. La caravane reposa un jour entier à *Tragen*, où chacun se prépara à paraître honorablement devant le sultan, qui vient toujours à cheval au-devant des pélerins de la Mecque. Ce prince leur envoya des vivres, qui furent distribués à quelques lieues de Sidibischir, petit village au-dessus de Mourzouck. Lorsqu'on arriva près d'une éminence, où le sultan s'était placé avec toute sa suite, les principaux personnages de la caravane mirent pied à terre pour, le saluer. Le prince était assis dans un vieux fauteuil, couvert de toile à raies rouges et vertes ; il portait la veste tripolitaine, et par-dessus une chemise à *la soudane*, brodée en argent. Quelques soldats d'assez mauvaise mine formaient un cercle autour de lui. A sa droite et à sa gauche, on voyait des mameloucks blancs et des esclaves nègres, le sabre nu : derrière lui, étaient six étendarts, portés par des noirs à moitié nus, et armés de lances et de hallebardes, que M. Horneman suppose avoir été faites du temps de Saladin, tant leur forme lui parut ancienne.

Chacun ôta ses pantoufles, et s'approcha, nus pieds, pour baiser la main du sultan. Le sheik des pélerins s'avança, le sabre nu, précédé de la timbale et du drapeau vert de la Mecque. Les pélerins chantèrent des cantiques à la louange de Dieu qui leur avait accordé un heureux voyage. Le sultan complimenta leur chef, et lui promit un présent de dattes et de viandes, pour chaque tente. La cérémonie terminée, il remonta à cheval, et rentra dans la ville, suivi de tout son cortége.

Depuis le mois d'octobre jusqu'en février, Mourzouk est un grand marché; c'est le rendez-vous des caravanes du Caire, de Tripoli, du Bengasi, du Gadamis, du Twat, et du Soudan : celles qui viennent du sud et de l'ouest, apportent des esclaves, des plumes d'autruche du Zibettes, des peaux de tigre, de l'or, et une grande quantité de cuivre de Bornou. Le Caire envoie des soieries, des toiles de coton, des étoffes de laine, des verroteries, et des marchandises des Indes. Les marchands du Bengasi apportent du tabac, et divers objets de quincaillerie, fabriqués en Turquie. Les caravanes de Bornou y portent de la poudre d'or, qu'elles vont chercher au nord de la Guinée. Celle de Tripoli apporte du papier, des armes à feu, des sabres, des couteaux, des étoffes de laine, appelées *abbé*, des bonnets de laine rouge et du faux corail; les Twaricks et les Arabes fournissent du beurre, de l'huile, de la graisse, du blé, du séné, des plumes d'autruche, et des chameaux pour la boucherie.

A son arrivée à Mourzouk, M. Horneman avait eu le projet d'aller à Agadèz et dans le Cassina (Kashna) avec une des trois divisions de la grande caravane du Soudan, qui devait partir dans les premiers jours de novembre 1798; mais ayant été prévenu que cette caravane pourrait bien être attaquée sur la route par les Twaricks, alors en guerre avec le Fezzan, et ayant remarqué qu'elle était uniquement composée de marchands noirs, dont les relations ne pouvaient lui être d'aucune utilité, il changea de résolution et se détermina à attendre la caravane du Bornou, qui devait arriver dans quelque temps, et avec laquelle il pourrait voyager d'une manière plus sûre.

Pendant leur séjour à Mourzouk, M. Horneman et son interprète furent attaqués de la fièvre du pays, dont le dernier mourut. Lorsque sa santé fut parfaitement rétablie, M. Horneman apprenant que la caravane du Bornou n'arriverait pas encore, avant quelques mois, et Mourzouk n'offrant rien désormais qui fût digne d'intérêt, il prit le parti de profiter de cet intervalle pour se rendre à Tripoli, d'où il voulait transmettre à la société d'Afrique le résultat de son voyage. Arrivé dans cette ville, après une route de deux mois, il expédia ses dépêches, et repartit aussitôt pour Mourzouk, où il fut de retour le 20 janvier 1800.

M. Horneman, toujours occupé du succès de son entreprise, s'était lié d'amitié avec un shérif du Bornou, qui se trouvait à Mourzouk, et qui devait faire partie de la caravane. Ce bornouan avait de l'esprit naturel et beaucoup plus d'instruction que n'en ont ordinairement les Africains ; il passait pour jouir d'une grande considération auprès du sultan du Bornou. Sa compagnie, pendant un aussi long voyage, devait être de la plus grande utilité à M. Horneman, qui forma le projet de partir avec lui, et de ne s'en séparer qu'à Matthan, d'où il espérait se rendre dans le Cassina et dans le Soudan. Ce voyageur est, en ce moment, en Europe, où il jouit de la récompense de ses fatigues et de son courage, environné de la considération générale et de la reconnaissance des savans. Nous nous empressons d'annoncer qu'il va repartir incessamment, pour continuer ses recherches dans l'intérieur de l'Afrique.

———

Les lumières que les découvertes récentes des Européens ont répandues sur la géographie de l'Afrique et sur les mœurs des peuples de cette partie du monde, confirment une infinité de faits rapportés par les anciens, et qui nous avaient toujours paru douteux, parce que nous en avions perdu les traces. Il est vrai que la plupart des voyages entrepris jusqu'à présent, n'ont pas eu un résultat aussi heureux que celui dont on s'était flatté; mais si l'on considère la nature des dangers et le nombre des obstacles qu'il a fallu braver et surmonter dans ces entreprises hasardeuses, on ne peut s'empêcher d'admirer les hommes courageux qui s'y sont dévoués par amour pour les sciences. Cependant les succès de Horneman doivent encourager de nouveaux voyageurs et nous promettre d'abondantes moissons de découvertes. Déjà tous les gouvernemens de l'Europe tournent à la fois leurs regards vers ces contrées, si intéressantes sous le triple rapport de la politique, du commerce et de la civilisation. L'Angleterre y voit un point de communication avec ses possessions dans l'Inde, et un débouché pour ses marchandises; aussi a-t-elle, plus qu'aucune autre puissance, le désir d'y faire des conquêtes, et des'y établir. Son système de domination générale, voilà son but; sa marine et sa politique, voilà ses moyens. La France, par son état militaire, par ses ports sur les deux mers, et sur-tout par son immense population, aurait sans doute beaucoup plus de ressources réelles pour suivre avec succès un plan de cette nature ; et les lumières, dont elle est le foyer, la rendent bien propre à exécuter franchement un projet de civilisation en Afrique. Il ne nous appartient pas de lire dans la pensée des gouvernemens ; mais si l'une ou l'autre de ces deux puissances est destinée à opérer cette étonnante révolution, il sera plus avantageux sans doute pour les peuples de ce vaste continent et pour les nations de l'Europe, que ce soit les Français qui l'entreprennent. Si les Français avaient pu conserver leurs conquêtes en Égypte, ils auraient donné la plus grande extension à leurs recherches dans l'intérieur de l'Afrique. Le séjour qu'ils ont fait sur les bords du Nil, avait déjà réveillé parmi les naturels cet esprit d'industrie qui les avait autrefois distingués ; déjà l'émulation avait élevé plusieurs manufactures où se travaillaient les produits du sol. La sûreté du commerce, si souvent violée par les mamelouks, se trouvait par-tout garantie. Ces sages dispositions auraient bientôt attiré dans le Delta tout l'or des régions intérieures de l'Afrique, cet or qui fut nécessairement autrefois la principale source de la puissance des anciens Égyptiens; car il est démontré que l'antique empire de l'Égypte n'a commencé à décheoir, que lorsque la république de Carthage s'est enrichie; et en effet, dès que la Phénicie eut pompé toutes les sources du commerce de l'est, et que Carthage eut appelé à elle toutes les richesses de l'ouest, l'Égypte, privée des ressources qui alimentaient sa puissance, tomba, tout à coup, dans un épuisement absolu. Si dans l'histoire des nations anciennes, dont les mœurs et les usages étaient si différens des nôtres, il est impossible de marquer positivement ce qui est au-delà de la vérité, à plus forte raison, dans le tourbillon d'événemens, où nous nous trouvons placés, est-il dfficile de circonscrire le cercle des probabilités. Sans se perdre dans des conjectures inutiles, ne pourrait-on pas hasarder une observation qui se rattache naturellement au travail que nous venons de présenter? « L'Afrique, » autrefois florissante, l'Afrique, le ber- » ceau des sciences, devenue depuis bar- » bare et presqu'entièrement déserte, ne » serait-elle pas destinée à revenir un jour, » par les efforts généreux des Européens, » au degré de population et de richesse où » elle s'était trouvée placée, et que lui ont » fait perdre les révolutions successives de » la nature et des empires? »

FIN DU SECOND ET DERNIER VOLUME.

TABLE
DES CHAPITRES

contenus dans le second volume.

Pages.

Chapitre premier. *Description de la côte de Guinée jusqu'au Cap-Lopès. — La Mine. — Amokou. — Juida. — Benin. — Les Serreres. — Les Seracolets. — Voyage à Galam par terre. — Fouta-Torra. — Les Maures du Niger. — Établissement des Français dans le Kajaaga et le Bambouk. — Malinkops. — Voyage du major Houghton. — Mandingues. — Mort du major Houghton à Jarra...*   1.

Chap. II. *Voyage de M. Park, de Pisania en Yani, à Médine en Woolli. — Dans le Bondou. — Le Kajaaga. —*

Le Kasson.— Le Kaarta. — Description du lotus.— Guerre entre le Kaarta et le Bambara. — Voyage et détention de M. Park dans le Ludamar. — Sa fuite à travers les déserts du Bambara. — Voyage à Silla. — Retour le long du Niger.—Voyage dans le Manding. — Hospitalité exercée à Kamalia.—Voyage dans le Jallonkadou, le Konkadou, le Satadou et le Dentila. — Description de Fouta-Torra.—Retour de M. Park à Pisania. 71.

Chap. III. Description de l'intérieur de l'Afrique.—Tombuctou.—Houssa. — Gago et Eyeo. — Daumé ou Dahomé. — Mahis et Tappas. — Melli. — Cassina. — Bornou. — Fezzan. — Wangara. — Gadamis. — Darfour. Shilluk.—Dongo, etc............ 206

Chap. IV. Voyage de M. Browne à Siwah. — Observations sur les Coph-

TABLE.

tes. — *Voyage au Durfour ; séjour dans ce pays*.................... 353

CHAP. V. *Relation de M. Horneman. — Ummessogheir. — Siwah. — Antiquités de l'oasis d'Ammon. — Danger que court M. Horneman à Schiacha. — Augila. — Temissa. — Description du Harutsch noir et du Harutsch blanc. — Arrivée de la caravane au Fezzan. — Zuila. — Mourzouk*............ 361

Fin de la table des chapitres.

www.ingramcontent.com/pod-product-compliance
Lightning Source LLC
Chambersburg PA
CBHW071853230426
43671CB00010B/1321